# Sommaire

p. 116

p. 14

p. 36

p. 24

p. 100

p. 152

157, boulevard Macdonald
75019 Paris
01 87 58 00 30 – contact@4revues.fr
www.revue21.fr

Directeur de la publication et de la rédaction
**David Servenay**

Direction artistique
**Christophe Alexandre**

Mise en pages
**Aude Choimet**

Édition
**Camille Drouet**

Direction de la photo
**Martina Bacigalupo**

Correction
**Sarah Ahnou**

Photogravure
**Apex**

Marketing
**Anaïs Benguigui**

Communication numérique
**Sonia Reveyaz**

Secrétaire général
**Jean-Philippe Salmon**

Responsable administrative
**Murielle Canta**

Coordination commerciale
**Marie Le Flahec**

Ont collaboré à ce numéro
**Fériel Naoura, Rémi Bayol, Valentine Dossat, Élodie Ratsimbazafy**

Service des abonnements :
XXI / TBS, 6 rue d'Ouessant, CS 38272
36708 Saint-Grégoire cedex
01 76 44 02 42 – abo@revue21.fr
Formulaire téléchargeable sur www.revue21.fr

Édité par Quatre SAS, siège social :
157, boulevard Macdonald 75019 Paris

Président : David Servenay
Directeur général : Sylvain Ricard
Actionnaires : F&S, Sylvain Ricard, Franck Bourgeron, les éditions du Seuil, Pierre-Yves Frelaux, Amélie Mougey, Pierre Raiman

Fabrication : CPE Conseil.
Impression et façonnage : Vincenzo Bona s.p.a. Stradda di Settimo, 370/30, 10156 Torino (TO), Italie

Papier 100 % PEFC, provenance Allemagne, taux de fibres recyclées 0 %, impact sur l'eau Ptot 0.019 kg/tonne

Commission paritaire : 0720 D 89299
ISSN 1960-8853
ISBN : 978-2-35638-172-9

Ce numéro comporte deux bons d'abonnement (un à *6Mois* et un à *XXI*).
Dépôt légal : avril 2023

# La grande évasion

**Par Camille Drouet — Illustrations Cédric Villain**

## 10 000 000 000 000 000 $

### Au moins dix mille milliards de dollars

C'est la somme détenue dans les places offshore à travers le monde.

Soit environ **les PIB annuels cumulés** de

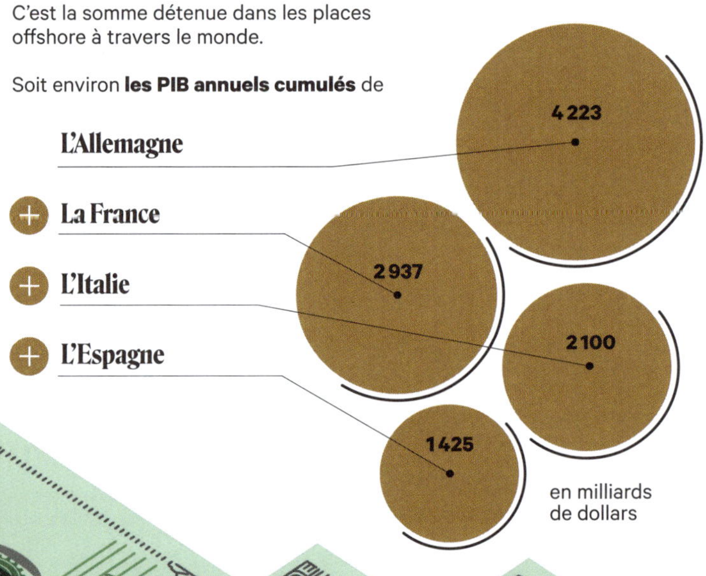

# 2½ ×

**Dix mille milliards de dollars,** c'est deux fois et demie les euros et dollars en circulation dans le monde.

**2 235 milliards de dollars** en billets et en pièces

**1605 milliards d'euros** en billets et en pièces

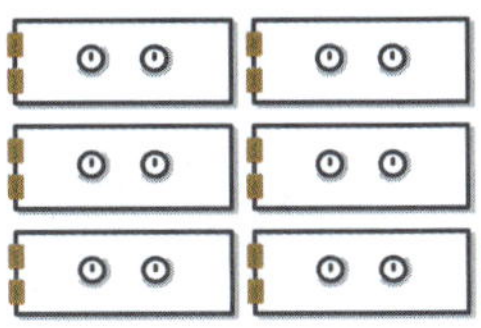

Ces **dix mille milliards de dollars** de fraude fiscale sont repartis sur

# 84 millions

de comptes bancaires.

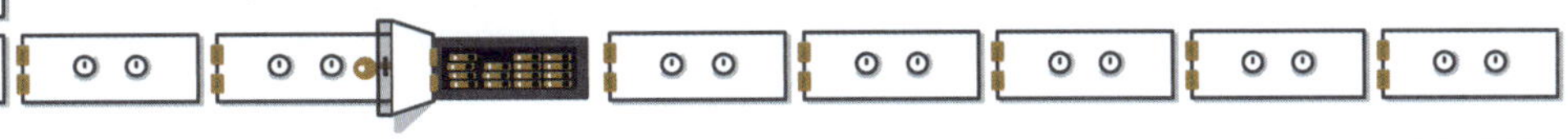

**Top 10** des territoires qui favorisent le plus la fraude à l'impôt sur les sociétés.

1. Îles Vierges britanniques
2. Îles Caïmans
3. Bermudes
4. Pays-Bas
5. Suisse
6. Luxembourg
7. Hongkong
8. Jersey
9. Singapour
10. Émirats arabes unis

territoires britanniques d'outre-mer (1, 2, 3, 8)

**Top 10** des pays dont le système financier et juridique permet aux individus de cacher et de blanchir le plus facilement leur argent.

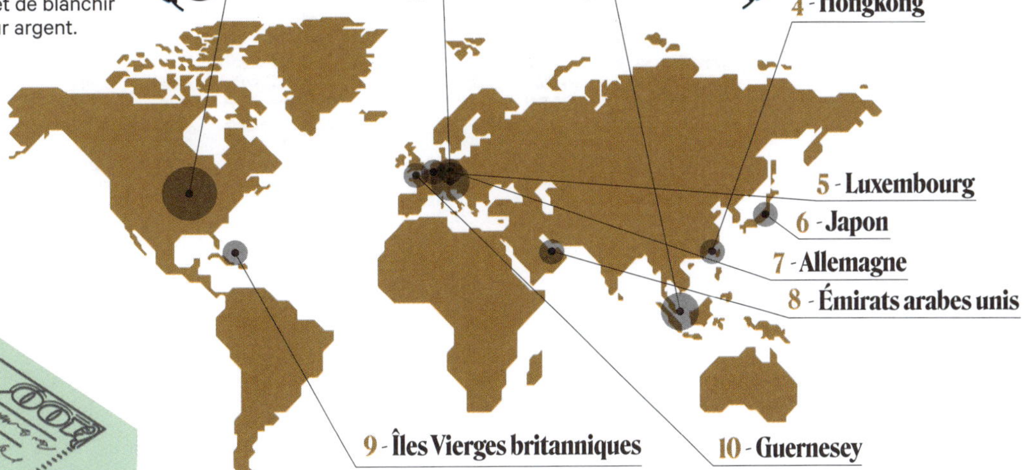

# Les clés des paradis (fiscaux)

## Les clients

### ENTREPRISES

Généralement de grosses multinationales qui rapatrient leurs bénéfices dans des filiales implantées dans certains pays à la fiscalité plus laxiste, afin de profiter du taux d'imposition le plus bas possible.

### PARTICULIERS

Chefs d'entreprise, professions libérales, artistes ou sportifs professionnels... ils résident dans les paradis fiscaux ou y font gérer leur fortune, pour payer moins d'impôts.

### DÉLINQUANTS

Personnes qui ont besoin de blanchir l'argent sale généré en liquide par des activités criminelles.

## Leurs intermédiaires

### CONSULTANTS

Cabinets d'audit et de conseil, ils créent et gèrent des services d'optimisation fiscale flirtant parfois avec la légalité.

### AVOCATS

Ils utilisent et gèrent les structures juridiques mises au point par les cabinets d'audit pour optimiser la fiscalité de leurs clients ou, parfois, échapper totalement à l'impôt.

### GESTIONNAIRES DE FORTUNE

Ni vraiment avocats ni tout à fait banquiers d'affaires, ils élaborent les montages les plus sophistiqués pour minimiser ou échapper à l'imposition.

### COURTIERS OU BROKERS

Cette sorte de « banquiers » traditionnels assure des transferts d'argent sans qu'il y ait de mouvements effectifs de fonds. Ce système ancestral est fondé sur la confiance entre membres d'un réseau.

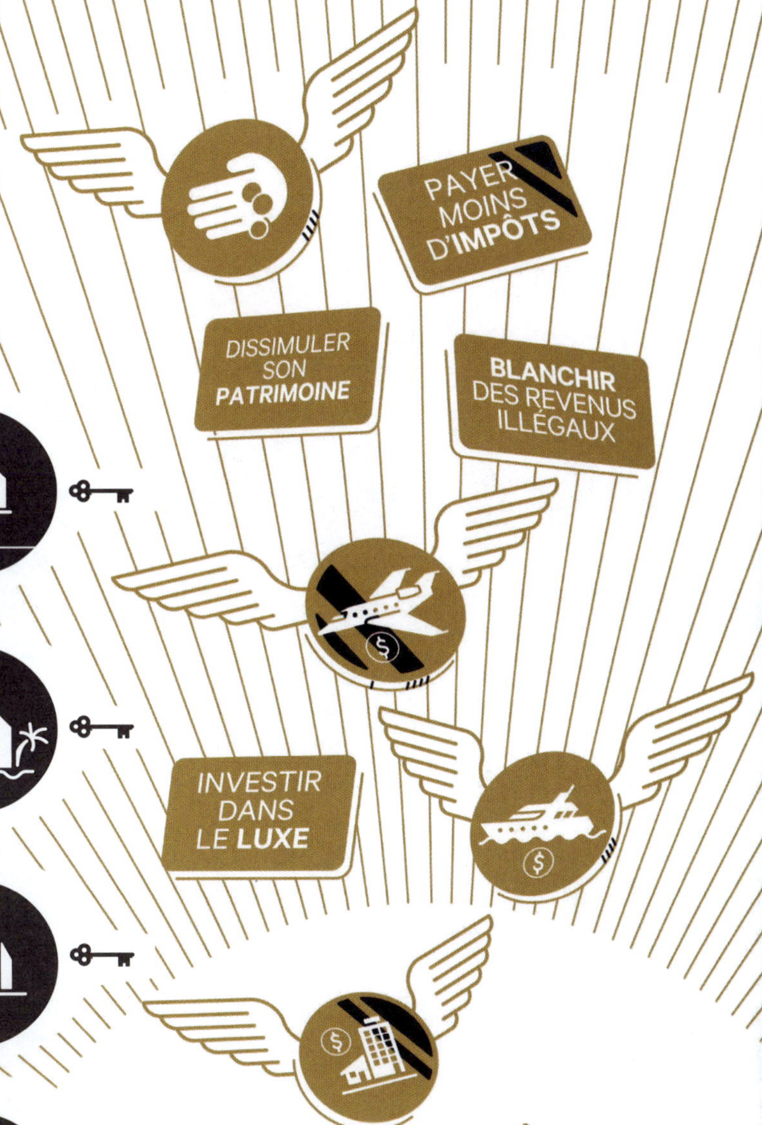


# Leurs outils

## FILIALES

Sociétés créées dans les États et territoires non coopératifs (ETNC) où les bénéfices des grands groupes, générés dans d'autres pays, sont très faiblement imposés.

## SOCIÉTÉS OFFSHORE

Sociétés créées de façon anonyme par le recours à des prête-noms, dans un pays à la fiscalité plus avantageuse que celle du pays de résidence du véritable propriétaire.

## SOCIÉTÉS ÉCRANS

Sociétés n'ayant aucune activité réelle. Ces coquilles vides servent uniquement de relais pour cacher les propriétaires réels d'un bien.

## TRUST

Structure juridique anglo-saxonne, de type société holding, qui autorise un gestionnaire (le trustee) à gérer des biens au profit d'un bénéficiaire (le settlor) anonyme.

## COMPTES SECRETS

Comptes bancaires dont les véritables bénéficiaires ne sont connus que de leur gestionnaire. À mesure que l'échange automatique de données bancaires se développe, ils deviennent de plus en plus rares.

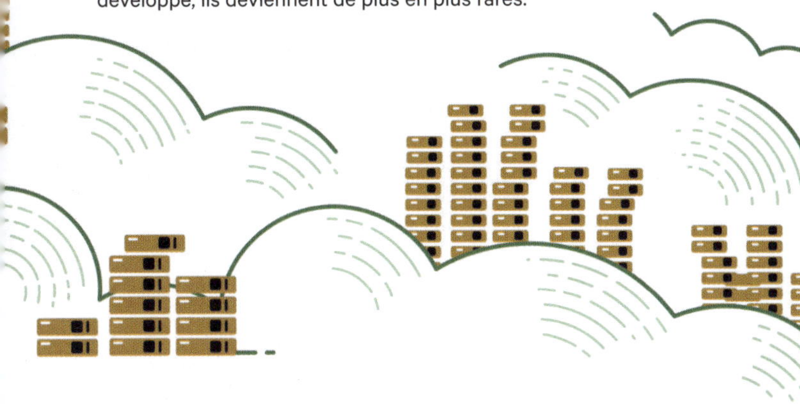

# Pertes et profits

## 483 milliards $

C'est le montant des pertes de recettes fiscales causées en 2020 dans le monde par l'évasion ou l'optimisation fiscales.

Les pertes en recettes fiscales sont plus importantes dans les pays à haut revenus :

**443 milliards $**

Cette somme représente environ 10 % des dépenses de santé de ces pays riches.

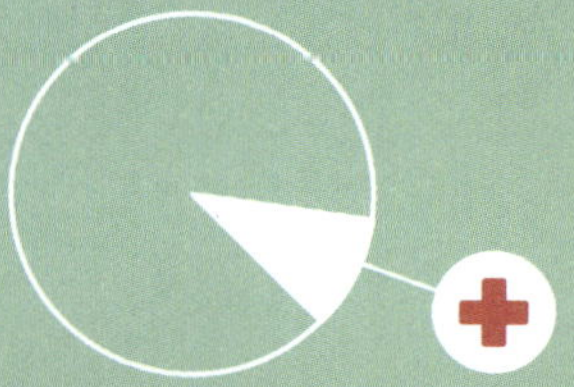

10 %

Dans les pays à plus faibles revenus, les pertes fiscales sont moindres :

**40 milliards $**

Mais représentent pratiquement 50 % des budgets de la santé des pays en voie de développement.

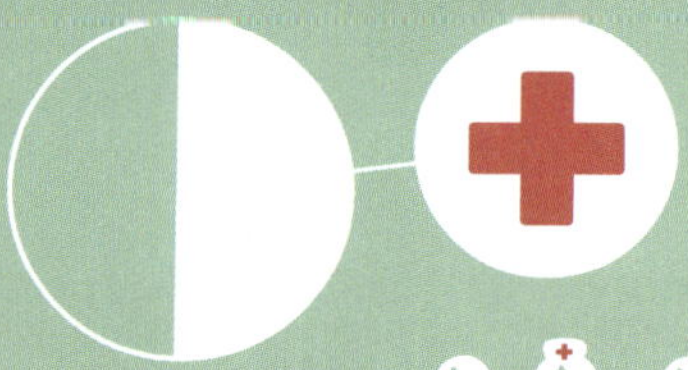

50 %

## 34 millions

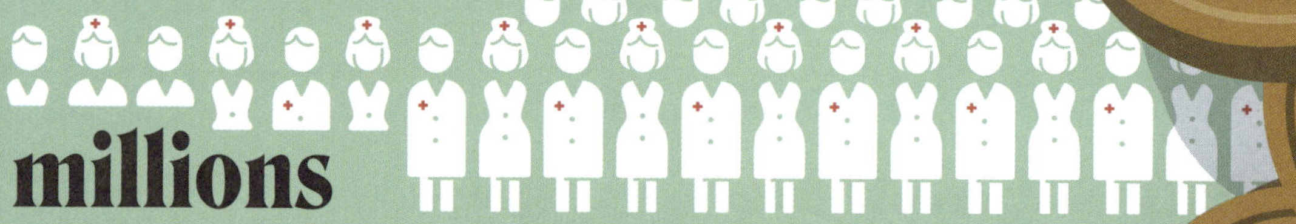

Cette somme aurait pu permettre de payer le salaire annuel de 34 millions **d'infirmières** et **infirmiers.**

## 3 ×

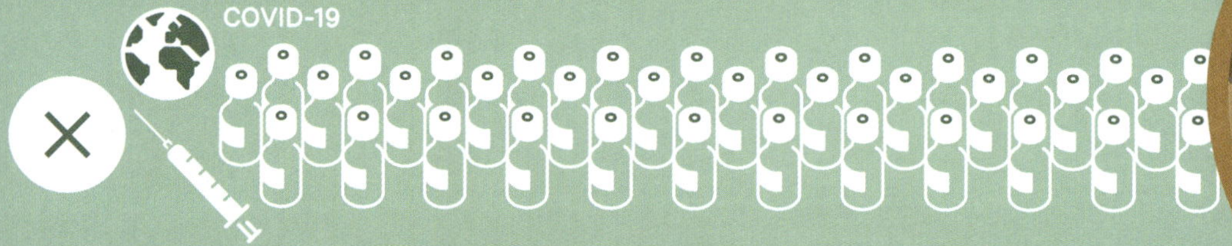


Ou de faire vacciner l'ensemble de la population mondiale contre le **Covid-19**... trois fois.

# 312 milliards $

Chaque année, en ayant recours aux paradis fiscaux, les multinationales, à elles seules, font perdre cette somme en recettes fiscales directes aux gouvernements du monde entier.

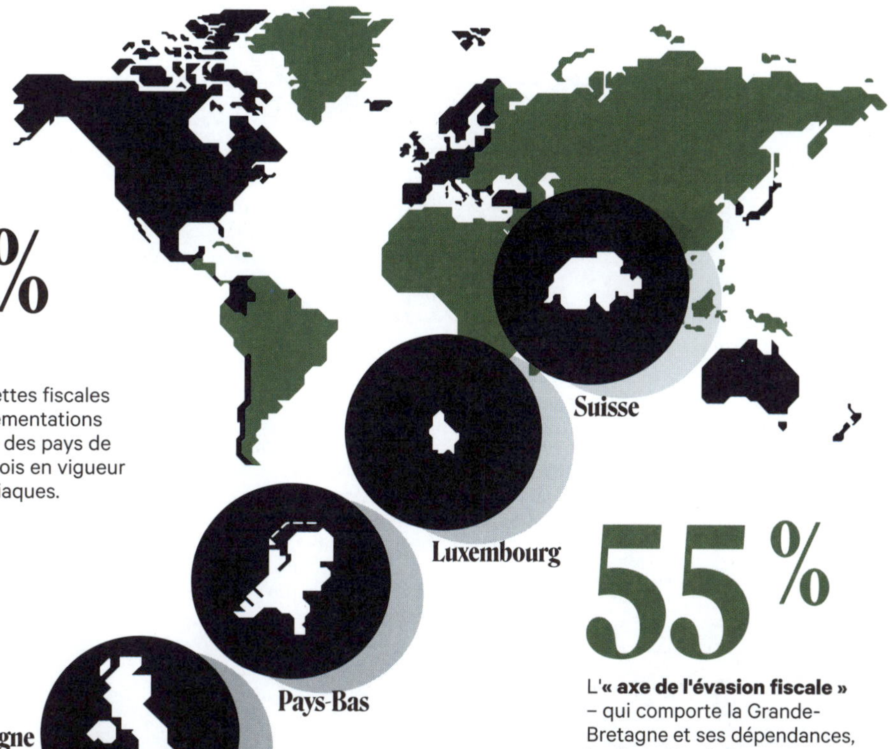


# 78 %

de ces pertes en recettes fiscales sont dues à des réglementations fiscales laxistes dans des pays de l'**OCDE** et non à des lois en vigueur dans des îles paradisiaques.

# 55 %

L'**« axe de l'évasion fiscale »** – qui comporte la Grande-Bretagne et ses dépendances, les Pays-Bas, le Luxembourg et le Suisse – est responsable à lui seul de plus de la moitié de ces pertes.

# 1000

Chaque seconde, les pays riches perdent en impôts le montant permettant de vacciner complètement 1000 personnes contre le Covid-19.

# Silence, ça fuit

2008

## Affaire HSBC

***Hervé Falciani,*** informaticien de la banque HSBC à Genève, fournit à l'administration fiscale une liste de 8 993 potentiels évadés fiscaux français en Suisse.
Bercy offre la possibilité à ces particuliers et à ces entreprises de régulariser leur situation et récupère ainsi 1,2 milliard d'euros.

2012

## Affaire Cahuzac

Le ministre socialiste du Budget est mis en cause par *Mediapart* pour avoir eu jusqu'en 2010 un compte non déclaré à l'***Union des banques suisses*** (UBS) de Genève, avant de déplacer son argent à Singapour. Après les avoir niés à plusieurs reprises, notamment dans l'hémicycle de l'Assemblée nationale, il finit par reconnaître les faits de « fraude fiscale » et de « blanchiment ». Il est condamné à deux ans de prison, 300 000 euros d'amende et cinq ans d'inéligibilité.

2014

## Lux Leaks

28 000 pages de documents du cabinet ***PricewaterhouseCoopers*** dévoilent les pratiques d'évitement fiscal mises en œuvre au Luxembourg : 548 accords fiscaux très avantageux négociés par des centaines de multinationales avec le fisc, leur permettant de ne payer que 1 % à 3 % d'impôts. Parmi elles, ***Amazon, Apple*** ou ***Ikea.*** Aucune entreprise ne sera poursuivie par la justice du Grand-Duché, à l'inverse des employés ayant révélé l'affaire, qui se verront finalement reconnaître le statut de lanceur d'alerte.

2015

## Swiss Leaks

Les archives de la banque britannique ***HSBC*** montrent comment la banque a mis en place, depuis la Suisse, un système international de fraude fiscale et de blanchiment, faisant transiter par Genève plus de 180 milliards d'euros sur les comptes de 100 000 particuliers et 20 000 sociétés. Environ 3 000 Français sont concernés. Le scandale éclabousse de nombreux responsables politiques, du ***roi du Maroc*** à l'***émir du Qatar***.

2016

## Panama Papers

La fuite de 11,5 millions d'archives du cabinet panaméen ***Mossack Fonseca*** dévoile l'existence de 214 000 sociétés offshore, ainsi que les noms de leurs actionnaires. Des personnalités du monde entier sont concernées. Cette affaire révèle le rôle des cabinets d'avocats dans les montages utilisés par les fraudeurs fiscaux.

2016

## Bahamas Leaks

Cinq mois après les Panama Papers, 1,3 million de fichiers issus du registre officiel des sociétés des Bahamas lèvent le voile sur 175 888 sociétés offshore enregistrées sur l'île entre 1959 et 2016. Avec les Panama Papers, cette fuite permet la création de l'***Offshore Leaks***, une base de données rassemblant des informations sur 500 000 entités présentes dans 200 pays.

2017

## Paradise Papers

Une fuite de 13,5 millions de documents, issus notamment du cabinet d'avocats Appleby basé aux ***Bermudes***, met en évidence les montages fiscaux très avantageux de grandes entreprises mondiales et de personnalités comme ***la reine Elizabeth II.*** Les pertes fiscales dues à ces montages sont estimées à 350 milliards d'euros.

2018

## Dubaï Papers

Plusieurs milliers de documents, révélés par *L'Obs*, démontrent l'existence d'un système de fraude fiscale et de blanchiment organisé aux Émirats arabes unis par ***le groupe Helin***. Oligarques, sportifs de haut niveau ou chefs d'entreprise : environ 200 clients ont bénéficié des services de ces spécialistes en montages fiscaux. L'affaire montre le rang pris par Dubaï parmi les premières places offshore de la planète.

2020

## FinCEN Files

2 657 documents du département du ***Trésor américain***, le Financial Crimes Enforcement Network (FinCEN), montrent comment les plus grandes banques ont facilité le placement de l'argent sale dans les paradis fiscaux, sans que Washington intervienne.

2021

## Open Lux

Des millions de documents portant sur 140 000 sociétés et 6 500 milliards d'actifs montrent que le Luxembourg demeure un acteur clé de l'évasion fiscale en Europe – 45 % des sociétés enregistrées dans le pays n'y ont aucune activité réelle et souhaitent uniquement minimiser leur imposition. ***Shakira, Jo-Wilfried Tsonga*** ou ***Bernard Arnault*** figurent parmi les très nombreuses personnalités citées dans cette enquête.

2021

## Pandora Papers

Issue des archives de quatorze cabinets spécialisés dans les montages offshore, une fuite historique de 11,9 millions de documents dévoile l'étendue de la planète offshore. ***Julio Iglesias, Tony Blair*** ou ***Abdallah II de Jordanie :*** des centaines de politiciens, de hauts fonctionnaires et de personnalités sont éclaboussés par ce scandale financier.

Moins doté en or noir que ses puissants voisins, la clinquante Dubaï a choisi d'être blanchisseuse en or massif. Avec sa fiscalité zéro, l'Émirat attire autant petits criminels et barons de la drogue que multinationales en apparence respectables.

**Par David Servenay — Illustrations Enzo**

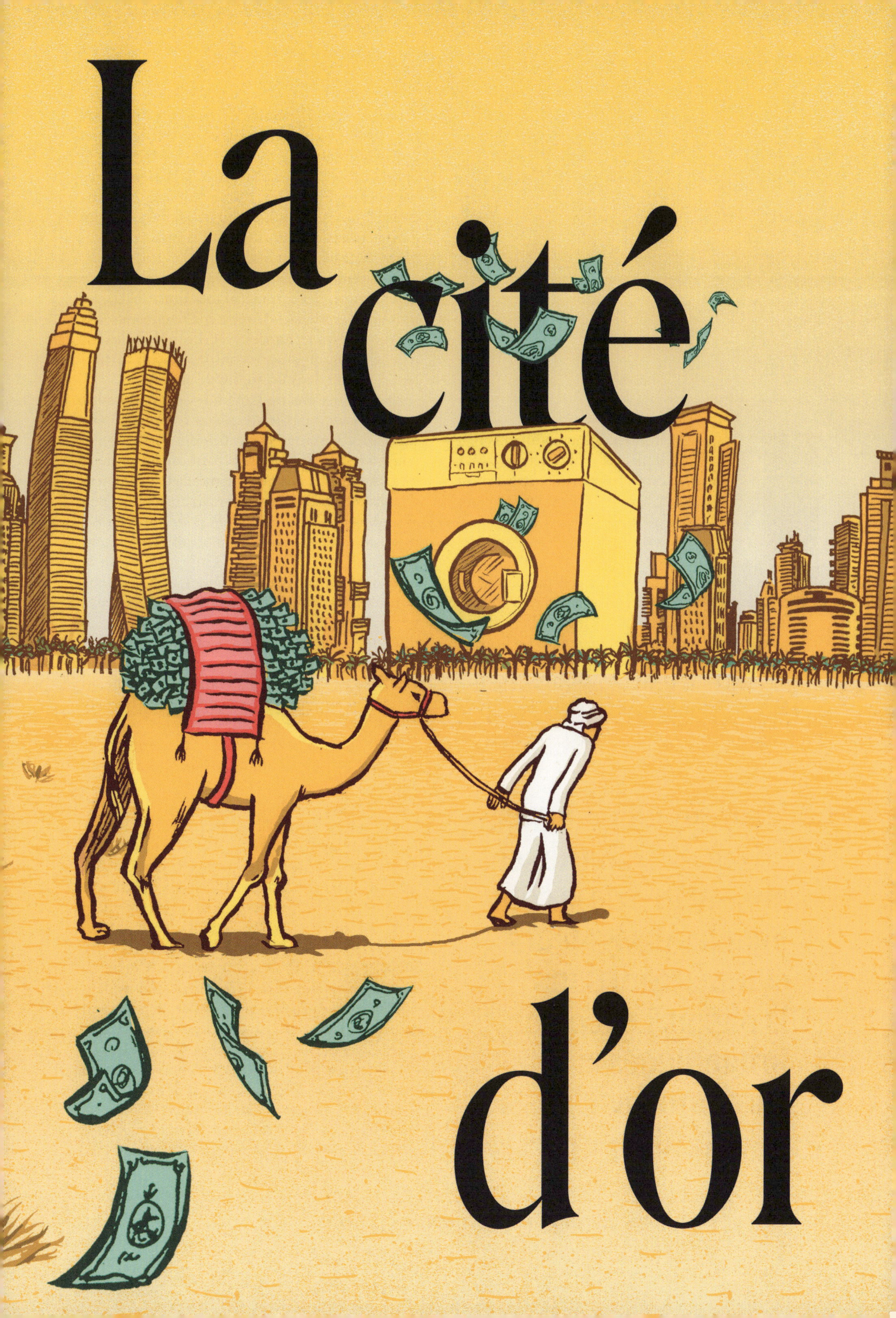
La cité
d'or

L'histoire pourrait commencer au souk, dans les volutes d'un *qahwa*, le café traditionnel, épicé d'un mélange cardamome, cumin, clous de girofle et safran. L'odeur, puissante et douce à la fois, enrobe les conversations qui résonnent dans les allées couvertes du marché de Dubaï. Le rituel est rodé depuis des siècles, les marchands s'interpellent d'une boutique à l'autre. Sous les arcades de bois au style traditionnel, le visiteur peut déceler une construction moderne. Les pays du Golfe ne sont pas les seuls, mais ils excellent dans cet art de remplacer un patrimoine qui n'est plus ou qui a été rasé un peu trop vite. Un air de Las Vegas oriental : rien ne paraît vrai, mais tout n'est pas faux dans cet alignement d'échoppes où chaque vitrine, brillant de mille feux, cherche à faire de l'ombre à sa voisine par un étalage de parures hétéroclites. En bordure des marchés aux poissons et de légumes, le souk de l'or de Dubaï est niché dans le quartier historique de Deira, à une encablure des eaux turquoise du golfe Persique.

**La profondeur des eaux faisait de Dubaï le seul abri valable de la côte pour les navigateurs commerçant dans la région. Les colons britanniques la surnommaient aussi la « baie des pirates ».**

Dans l'émirat de Dubaï, l'un des sept que compte la fédération des Émirats arabes unis (EAU), les plus vieux gratte-ciel, de verre et d'acier, sont sortis des dunes dans les années 1970. Le monde d'avant n'existe plus, ou alors reconstitué façon carton-pâte, comme dans un studio de cinéma.

Après trois ans de Covid, les touristes sont encore rares, mais les négociants n'ont jamais déserté les lieux. Certains patientent derrière leurs comptoirs, d'autres sous les panneaux lumineux où s'affiche le cours officiel du métal jaune. Discrets, ils sont reconnaissables à leur air austère, un peu absent, comme s'ils étaient là pour autre chose, insensibles aux bijoux rutilants qui dégoulinent derrière les vitres blindées. Ouvragées selon le goût oriental dans des boutiques au nom arabe – ou parfois indien –, ces vitrines reflètent la géopolitique mondiale du commerce de l'or. En tout, des centaines de détaillants se concentrent sur ces quelques milliers de mètres carrés où l'activité ne cesse jamais vraiment comme au temps des empires… Bienvenue à Dubaï, la « City of gold ».

Cette cité de l'or est née grâce à la profondeur des eaux de la baie qui faisait de Dubaï le seul abri valable de la côte pour les navigateurs commerçant dans la région. Les colons britanniques la surnommaient aussi la « baie des pirates ». En bon pionnier, le cheikh Saïd al-Maktoum, père fondateur de Dubaï, eut l'intuition, dès le début du siècle dernier, que la liberté de commerce pouvait offrir des perspectives de développement face à l'Iran et à l'Arabie saoudite : faute d'avoir les réserves pétrolières de ses puissants voisins, Dubaï devait attirer les commerçants. Le cheikh décida d'exonérer de taxes les marchands indiens et iraniens qui voudraient s'installer sur son territoire. Il créa ainsi l'ancêtre des zones franches.

Dès les années 1970, l'Émirat fit aussi le pari d'investir l'argent de l'or noir, qui ne sera pas éternel, dans les infrastructures et dans le secteur touristique. Il lance l'aménagement de la zone industrielle de Jebel Ali qui devient le plus vaste port en eaux profondes du Moyen-Orient. Accolé à la zone franche de Jafza, il accompagne le décollage économique du territoire. Par la suite, des zones économiques spéciales (ZES) de toutes sortes ont essaimé dans l'ensemble de la Fédération, qui en compte actuellement cinquante-cinq.

Les amateurs de finance offshore ont bien compris l'intérêt de s'établir dans ce confetti du Moyen-Orient : liberté de commerce, flux logistiques fiables et fiscalité très légère. Le triptyque gagnant des paradis fiscaux. Aujourd'hui, le « bling bling » des bracelets et colliers en or de Deira pèse lourd dans l'économie locale et sur le marché mondial : 40 % des échanges internationaux d'or passent par les allées du souk de Deira, pour un montant s'élevant à environ 75 milliards de dollars par an.

Flic à la financière, Quentin Mugg [lire son entretien page 96] n'imaginait pas qu'il se retrouverait un jour à arpenter les allées de la « City of gold » avec ses homologues émiratis. Pas pour y faire du shopping, mais pour y voir aboutir l'une de ses plus grosses enquêtes : l'opération « Rétrovirus ». Le capitaine de police à l'Office central pour la répression de la grande délinquance financière (OCRGDF) a dirigé le groupe anti-blanchiment de cette unité spécialisée dans les crimes économiques. En 2013, son équipe a démantelé un réseau qui blanchissait de l'argent issu du trafic de drogue. Leur circuit long et complexe comportait une étape essentielle au souk de l'or de Deira. Mais l'histoire débute en région parisienne.

**La tête pensante de ce réseau s'appelle Sayed, surnommé Hind.** Il a 32 ans, c'est un Indien originaire du Tamil Nadu, région qui borde la rive sud du golfe du Bengale. Il habite un logement social tout près de l'aéroport de Roissy – Charles-de-Gaulle. Marié à une Française, quatre enfants, musulman pratiquant, il semble vivre chichement du RSA et des allocations familiales. Comme il est discret, ses voisins ignorent qu'il fait en réalité une belle carrière criminelle qui a commencé en Inde par le trafic d'or.

Une trajectoire presque normale pour les délinquants locaux puisque, faute d'en produire suffisamment, l'Inde est l'un des plus gros importateurs de métal jaune de la planète. Des importations fortement taxées, qui génèrent donc un trafic conséquent. Les autorités du pays estiment que 200 tonnes d'or – et les milliards qui vont avec – circulent sur le marché noir chaque année.

## Hassan ramasse le cash dans des sacs en plastique où personne ne songerait qu'il peut accumuler jusqu'à 600 000 euros en petites coupures.

À Paris, les collecteurs du réseau de Sayed récupèrent de l'argent issu de trafics de drogue auprès des points de deal. Parmi eux, son oncle, Hassan, homme de ménage dans une société de nettoyage, ramasse le cash dans des sacs en plastique où personne ne songerait qu'il peut accumuler jusqu'à 600 000 euros en petites coupures. La plupart du temps, il prend le RER ou sa vieille Ford Fiesta blanche pour convoyer l'argent. Insoupçonnable. Il y a aussi cet ambulancier de nuit. Il compte les billets avec une trieuse puis les stocke jusqu'au petit matin, dans le coffre-fort de son entreprise. En six mois, grâce à une caméra qui filme ses allées et venues, les policiers estiment qu'il a pu ramasser 5,2 millions d'euros. Sur une année, le réseau parvient à collecter au moins 10 millions d'euros en liquide. Il faut dire que les hommes de Sayed ratissent bien au-delà de la banlieue parisienne, en Belgique, aux Pays-Bas, en Espagne, en Italie et jusqu'au Danemark. Pour lui, l'affaire est juteuse : elle lui permet de dégager 1,3 million d'euros de bénéfice par an.

Son magot, il le place dans des sociétés en Inde, en Thaïlande, à Hongkong et... aux Émirats arabes unis. Pour le blanchir, il a une astuce : transformer l'argent de la drogue en lingots d'or. Pour cela, ses hommes se rendent à Anvers, dans le quartier des diamantaires, où ils peuvent compter sur les services d'un négociant capable de leur vendre une vingtaine de kilos d'or raffiné par semaine. La transaction est consignée dans les registres du commerçant qui émet une facture pour lui donner un caractère tout à fait légal. C'est à ce moment précis que l'argent sale devient propre. Un tour de passe-passe que les spécialistes du blanchiment appellent « phase d'intégration ».

Pour la suivante, les hommes de main s'envolent vers Dubaï. Hassan, l'oncle homme de ménage au sac plastique insoupçonnable, est un habitué du trajet. En cinq ans, il a emprunté plus de deux cents vols internationaux, la plupart du temps sur Emirates, la compagnie aérienne dont il détient une carte fidélité. Une fois sur place, il évite les hôtels luxueux et se rend immédiatement à Deira, au souk de l'or, pour écouler sa cargaison de lingots et de pièces. À la grande époque du réseau de Sayed, aucune loi européenne ne limite les quantités transportables par un particulier d'une région du monde à une autre [depuis octobre 2018, les déplacements de sommes supérieures à 10 000 euros doivent être déclarés aux douanes, qu'ils soient effectués en espèces, chèques, cartes prépayées ou or, ndlr]. Dans les allées du marché de Dubaï, Hassan revend donc sa cargaison en toute tranquillité à des bijoutiers, rassurés par les certificats d'origine délivrés en Belgique.

La dernière étape se joue quelques mètres plus loin, dans l'un des innombrables bureaux de change installés autour des clinquantes échoppes. À Dubaï, ils sont gérés par des *hawaladar* et leur activité va bien au-delà de la conversion de devises. Aussi appelés courtiers, brokers, *saraf* ou agents, ces intermédiaires sont, depuis l'Antiquité, des acteurs essentiels de l'économie de la route de la soie. Un *hawala* permet de transférer des fonds à un tiers grâce à un réseau qui compense les échanges sans qu'il y ait de mouvement physique de l'argent. Au Moyen Âge, cela servait à éviter de se faire voler en chemin par des pirates ou des bandits. Aujourd'hui, cela permet d'éviter les commissions faramineuses des Western Union et Moneygram. Or, à Dubaï, 90 % de la population est immigrée, et vient principalement d'Inde et du Pakistan, des pays où seul un tiers des individus est bancarisé. Des millions de travailleurs envoient ainsi une partie de leur salaire à la famille restée au pays, rendant le *hawala* indispensable, donc impossible à supprimer. Le réseau de Sayed utilise ce système pour reverser sur les comptes bancaires de ses clients barons de la drogue l'argent liquide collecté à Paris et désormais blanchi. La technique est simple : pour régler son achat d'or, le bijoutier du souk verse l'argent au bureau de change, qui le transfère sur le compte d'une société-écran. Cette dernière le redistribue ensuite vers les comptes des trafiquants partout dans le monde. Le tour est joué. En trois ans, la société-écran détenue par Sayed et ses associés a vu passer 230 millions d'euros, entièrement blanchis à Dubaï. Jugé en 2017, Sayed a été condamné à huit ans de prison ferme et 1,2 million d'euros d'amende. Son oncle Hassan a écopé de quatre ans de prison, dont un avec sursis. Mais la lessiveuse dubaïote est si efficace qu'elle attire bien d'autres clients que les professionnels du crime.

Notamment des entreprises en apparence respectables, comme Kaloti Jewellery International. En 2014, les banques américaines furent parmi les premières à signaler les transactions suspectes de ce géant du commerce mondial de l'or domicilié à Dubaï. En 2020, les « FinCEN Files » – enquête pour laquelle le Consortium international de journalistes d'investigation (ICIJ) a décortiqué des milliers de « rapports d'activités suspectes » du Financial Crimes Enforcement Network (FinCEN), l'autorité américaine de lutte contre le blanchiment – ont montré que, dès cette époque, l'administration américaine a été alertée par la Drug Enforcement Administration (DEA). Les stups américains soupçonnaient alors fortement le groupe Kaloti de blanchir des fonds pour le compte des cartels sud-américains de la drogue.

L'alerte était claire, mais elle est restée sans réponse du Trésor américain. La police antidrogue des États-Unis n'était pas la seule à avoir alerté sur les agissements du groupe aurifère sans obtenir les résultats escomptés. En 2019, la lanceuse d'alerte

**La lessiveuse dubaïote est tellement efficace qu'elle attire bien d'autres clients que les professionnels du crime. Notamment des entreprises en apparence respectables.**

Anna Waterhouse décide de médiatiser le procès en appel qui l'oppose à l'autorité de régulation des services financiers dubaïote. Yeux clairs et longue chevelure brune, la Britannique, diplômée d'Oxford, a été formée au *trading* dans la banque d'investissement américaine Merrill Lynch. En 2012, cette pro de la finance prend la tête du département « compliance » de la succursale dubaïote de la Deutsche Bank, pour les zones Moyen-Orient et Afrique du Nord. Son travail consiste à vérifier que les opérations de la banque respectent bien les lois et les normes éthiques. Au bout de quelque temps, elle repère des flux d'argent liquide problématiques dans les registres d'un client… le groupe Kaloti. D'après ses informations, le négociant en or a autorisé des retraits d'espèces tellement importants de son compte qu'il a fallu des brouettes pour emporter les billets.

Logiquement, elle fait part de ses soupçons de blanchiment au siège de la Deutsche Bank et effectue un signalement auprès de la Banque centrale émiratie, qui siège dans la capitale, Abou Dhabi. Elle informe également la Dubai Financial Services Authority (DFSA), exactement comme elle y est tenue par la loi. La suite des événements est moins logique, les acteurs de cette affaire ne sont pas poursuivis devant le tribunal des marchés financiers de l'Émirat, c'est la lanceuse d'alerte qui devient la cible d'une enquête à charge de la part des autorités. En 2017, elle est même condamnée à 100 000 dollars d'amende pour avoir dissimulé des informations à l'autorité régulatrice, la DFSA. Conséquences de six années de harcèlement administratif et judiciaire : Anna Waterhouse a dû quitter Dubaï, elle a perdu son travail et cumulé les ennuis de santé.

**Le négociant en or a autorisé des retraits d'espèces tellement importants de son compte qu'il a fallu des brouettes pour emporter les billets.**

La juriste n'a sans doute pas tout de suite compris qu'elle avait mis le doigt sur un vaste réseau criminel, dont Kaloti Jewellery International était une tête de pont. La médiatisation de son procès en appel en 2019 a néanmoins permis d'y voir plus clair sur les affaires de cet acteur majeur de la « City of gold ». Le scandale devient alors trop grand et il éclabousse la réputation de Dubaï. Les émirats, d'habitude hermétiques aux réprobations internationales sur l'asile qu'ils offrent au crime financier, doivent montrer qu'ils prennent le problème au sérieux cette fois. Au fil des enquêtes lancées par la DFSA, il apparaît que Kaloti a utilisé le précieux métal pour blanchir l'argent des barons de la drogue. Pour ça, l'entreprise aurait traité jusqu'à 70 tonnes d'or douteux certaines années, et empoché au passage un bénéfice d'environ 9 milliards de dollars.

**Ce n'est pas le seul scandale financier qui a entaché la réputation de l'Émirat.** En 2018, les « Dubai Papers », révélés par *L'Obs*, mettent en lumière un système de fraude fiscale international orchestré par un groupe belge domicilié à Ras el-Khaïmah, au cœur des Émirats arabes unis. En décortiquant des milliers de documents internes de la société Helin, l'hebdomadaire a découvert des agencements complexes de sociétés-écrans enregistrées dans des paradis fiscaux destinés à opacifier les flux financiers de clients cherchant à défiscaliser une partie de leurs revenus. Oligarques russes, sportifs professionnels, grandes fortunes, chefs d'entreprise ou héritiers : plus de deux cents clients recrutés par cooptation. En France, les documents remis au parquet national financier et à l'administration fiscale ont donné lieu à plusieurs procès. Quatre clients du groupe belge ont été condamnés à des peines de prison avec sursis et plusieurs millions d'euros d'amende après avoir reconnu les faits de blanchiment.

Parmi les zones franches qui constellent les Émirats arabes unis, celle de Ras el-Khaïmah (ville éponyme de son émirat) au nord de Dubaï, est vantée par les professionnels du secteur offshore pour l'anonymat qu'elle offre. De plus, à Ras el-Khaïmah : pas d'impôt sur les sociétés ou sur les bénéfices, pas de droits de douane ni de succession. L'Émirat (parmi les sept que compte la fédération des Émirats arabes unis) est à juste titre considéré comme l'un des paradis fiscaux les plus avantageux et opaques de la planète. Ce n'est donc sans doute pas un hasard si le consultant

**Les familles royales des Émirats arabes unis sont présentes à tous les étages du système économique. Elles possèdent les principaux biens immobiliers, sont actionnaires des grandes entreprises...**

international qu'est devenu Dominique Strauss-Kahn a choisi ce territoire pour établir Parnasse Global Limited. Créée en quelques heures en 2018, la société est domiciliée au Rak International Corporate Center, un cube de verre planté au milieu des dunes rouges du désert qui sert de boîte aux lettres à plus de 30 000 sociétés offshore. Découverte en 2021 – grâce à l'enquête des « Pandora Papers » menée par l'ICIJ et 150 médias mondiaux, dont Radio France ou *Le Monde* –, l'entreprise de l'ancien ministre de l'Économie ne serait plus active depuis 2021. L'ex-patron du FMI ayant refusé de répondre aux demandes d'explication des médias, impossible de savoir qui étaient ses clients ou même de connaître l'activité exacte de sa société. À Ras el-Khaïmah, l'opacité n'a rien d'un mirage. Un nom attire pourtant l'attention au milieu des 12 millions de documents qui ont été décortiqués dans le cadre des Pandora Papers : SFM Corporate Services, l'intermédiaire qui a servi à monter le dossier de création de Parnasse Global Limited.

**Il n'est pas certain que Dominique Strauss-Kahn ait eu l'occasion de fouler les épaisses moquettes beiges de la H Hotel Office Tower,** l'immeuble de quarante étages qui abritait à l'époque les locaux de SFM Corporate Services. Elle se trouvait pourtant à l'une des plus prestigieuses adresses de Dubaï : sur la Sheikh Zayed Road, nommée en hommage au père fondateur de l'Émirat. La tour aux vitres bleutées surplombe une large artère dans un décor à la *Blade Runner* aux longues perspectives futuristes. SFM, qui se présente comme « *le premier fournisseur mondial de services de création de sociétés offshore* », y avait élu domicile au 16e étage. SFM, pour Swiss Financial Management, a été – comme son nom l'indique – créé en Suisse par un ancien banquier d'affaires, Reza Afshar, avant d'être installé dans le Golfe et plus récemment aux Seychelles. La société de domiciliation offre à ses clients le vaste réseau d'intermédiaires, composé d'avocats, de comptables, d'agents ou de gérants, sans qui la finance offshore ne peut fonctionner. Bien sûr, elle assure qu'elle opère de manière « *absolument légale* ».

Détail qui a son importance dans le paysage des affaires : la H Hôtel Office Tower appartient au cheikh Hazza bin Zayed al-Nahyan, ancien conseiller à la sécurité nationale et frère du prince héritier d'Abou Dhabi. Les familles royales des Émirats arabes unis sont présentes à tous les étages du système économique de la fédération élaboré dans les années 1970. Elles possèdent les principaux biens immobiliers de ces villes champignons qui ont émergé des sables du désert ; elles sont actionnaires des grandes entreprises « publiques » du pays ; elles perçoivent aussi des bénéfices des entreprises privées – y compris étrangères – dans lesquelles elles ont de nombreuses participations ; enfin, elles gèrent et régulent les fonds souverains et les marchés publics via une armada de fonctionnaires dévoués. Le tout obéit à un adage connu de tous les milieux d'affaires dubaïotes : « Ask-no question, see-no-evil » (« ne pas poser de questions, ne pas voir le mal partout »).

Dans la pratique, le « parrainage » des familles régnantes peut se monnayer jusqu'à 25 % des bénéfices dégagés par les entreprises étrangères qui s'y implantent. En échange, les bureaux des « Royals » fournissent services aux entreprises et facilités en tout genre aux expatriés gagnant bien leur vie. De l'ouverture d'un compte à l'obtention d'une ligne de crédit bancaire, la palette est large. « *Plus le cheikh est haut placé, plus l'affaire est rentable et moins les banques posent de questions. En échange d'une commission, d'une part ou d'un pourcentage de l'affaire, les portes s'ouvrent plus facilement* », explique un ancien fonctionnaire des EAU qui s'est confié, anonymement, à l'ICIJ. Les membres des familles royales émiraties ne boudent pas non

INVESTISSEZ
AU PARADIS

## Lors d'une opération d'infiltration, les enquêteurs américains avaient pu acheter de l'héroïne, des méthamphétamines et d'autres drogues.

plus les autres paradis fiscaux. L'enquête des Pandora Papers a révélé qu'au moins trente-cinq d'entre eux détenaient des avoirs offshore, notamment aux Seychelles.

Levier de pouvoir, thermomètre du monde des affaires, le secteur immobilier est aussi, à Dubaï, un formidable outil de blanchiment. En mai 2022, une nouvelle fuite de données a provoqué l'enquête « Dubai Uncovered », publiée notamment par *Le Monde* ou le journal norvégien *E24*. Les documents analysés ont cette fois levé le voile sur l'identité des véritables détenteurs des biens immobiliers, souvent très luxueux, de l'Émirat. Sur les 274 000 propriétaires des 800 000 biens répertoriés, 191 000 sont des ressortissants étrangers, dont la principale motivation semble être l'exil fiscal. Dans la liste de ces évadés fiscaux ayant trouvé asile dans des demeures de luxe figure le nom du Russe Alexandre Borodaï.

Dans une première vie, Borodaï, aujourd'hui quinquagénaire, a été doctorant en philosophie sociale et journaliste. Il a notamment couvert la guerre en Tchétchénie dans les années 1990. Il a ensuite basculé dans le monde des affaires et de la politique, en se rapprochant des services spéciaux de Moscou. En 2002, la presse russe rapportait sa nomination comme directeur adjoint de l'information politique du FSB, les renseignements russes. Proche de Vladimir Poutine et radicalement nationaliste, il est devenu en 2014 l'éphémère Premier ministre de la République populaire de Donetsk (autoproclamée et non reconnue par la communauté internationale), après l'annexion des régions ukrainiennes de la Crimée et du Donbass par la Russie. Depuis 2021, il siège comme député à la Douma, sous l'étiquette Russie unie, le parti progouvernemental. Comme l'a révélé l'enquête Dubai Uncovered, l'oligarque est aussi l'heureux propriétaire d'un appartement de 104 mètres carrés, acheté en 2015, via la société SFM, sur l'île de Palm Jumeirah, l'un des deux archipels artificiels en forme de palmiers, construits en bordure du littoral de Dubaï dans les années 2000 (un troisième est en construction au nord de l'Émirat). Hôtels, centres commerciaux et villas de luxe : le mètre carré s'y négocie à plus de 10 000 euros.

Borodaï n'est pas le seul à avoir fait appel à SFM Corporate Services. Vingt-quatre des clients amateurs d'opacité de la société ont été poursuivis pour des crimes financiers et la moitié d'entre eux ont été reconnus coupables et condamnés dans des procédures pénales. Dans le désordre, on trouve Firoz Patel, un magnat de l'Internet québécois accusé d'avoir blanchi 250 millions de dollars, notamment pour des trafiquants de pédopornographie. Un tribunal fédéral de Washington l'a condamné à trois ans de prison. Un autre jeune entrepreneur du Web québécois, Alexandre Cazes, a bénéficié des services de SFM pour la création de cinq sociétés offshore. Le génie de l'informatique avait lancé le site AlphaBay où l'on pouvait acheter et vendre fausses identités, armes à feu ou numéros de cartes de crédit volés.

Décrit comme la « *plus grande place de marché du Dark Web* », dans l'acte d'accusation du tribunal californien qui le poursuivait pour seize chefs d'accusation, dont trafic de drogue, vol d'identité ou blanchiment, le site l'avait rendu multimillionnaire. Lors d'une opération d'infiltration, les enquêteurs américains avaient pu y acheter de l'héroïne, des méthamphétamines et d'autres drogues directement à une adresse e-mail activée par Alexandre Cazes. Arrêté en Thaïlande en 2017, l'homme de 25 ans n'aura pas eu le temps de s'expliquer, il a été retrouvé mort dans sa cellule une semaine plus tard. Suicide, selon la version officielle.

Ces multiples affaires ont-elles freiné le développement de Dubaï comme paradis du blanchiment ? L'Émirat a-t-il cessé d'être un prospère terrain de jeu de société pour les amateurs de fraude à l'impôt ? Pas le moins du monde. En 2009, les Émirats arabes unis pointaient à la 31e place du classement des places offshore établi tous les deux ans par l'ONG Tax Justice Network. Une décennie plus tard, ces cités d'or occupaient la dixième place du même indice.

# J'ai fait tomber le système

En 2007, Bradley Birkenfeld, banquier grande gueule, a fait sauter la banque en dénonçant la fraude fiscale massive aux États-Unis. Pour ça, il a passé presque trois années en taule, avant d'empocher le pactole.

**Propos recueillis par Michel Henry**
**Illustrations Aline Zalko**

**Il me restait cinq mois de prison à tirer** quand mon avocat m'a rendu visite : « *Brad, tu vas être payé pour ce que tu as réalisé.*

— *Hein ? Qu'est-ce que tu racontes ? Ils ont fait de moi le sale type de l'histoire, et maintenant j'en suis le héros ? Quelle hypocrisie !* »

Stephen Kohn, mon avocat, avait raison. Un mois après ma sortie de taule en août 2012, j'ai touché 104 millions de dollars du fisc américain. Après impôts, il m'est resté 75 millions. Oui, ce même pays, à mes yeux corrompu, qui m'avait collé en prison pendant deux ans et demi, m'a payé 104 millions de dollars en récompense de mes informations qu'il qualifiait d'« *exceptionnelles par leur ampleur et leur profondeur* ». La plus grosse somme jamais versée par le fisc. Certains ont pris leur calculette : chaque heure en prison m'a rapporté 4 600 dollars. Qui dit mieux ? « *Parfois, le crime paie* », a ironisé le *New York Times*.

Je suis devenu instantanément retraité, à 47 ans, passant directement de « banquier privé » à « client privé ». Première chose, je me suis offert une Porsche Cayenne Turbo. À l'époque, je devais finir quelques mois de travail dans le cadre de ma libération conditionnelle comme jardinier chez un particulier. Les gens demandaient : « *À qui appartient la Porsche ?*

— *À mon jardinier !* », rigolait mon patron.

Voilà mon histoire : j'ai braqué – sans armes – la plus grande banque et l'État le plus puissant du monde et j'ai gagné contre les deux. Ça n'a pas été facile. Avec trente et un mois derrière les barreaux, j'ai perdu beaucoup de batailles. Mais à la fin, j'ai gagné la guerre. Et si c'était à refaire, je le referais.

Je suis entré chez UBS à Genève en 2001. La banque avait viré le précédent banquier: il regardait du porno sur son ordi. Un chasseur de têtes m'a contacté, il savait que je connaissais le boulot. J'avais 36 ans et une bonne expérience: cinq ans dans une banque à Boston, ma ville natale, deux ans au Credit suisse à Genève, quatre ans chez Barclays, en Suisse également. Mon secteur: le *private banking*, l'activité à destination des riches, pour gérer leur fortune et leurs investissements. On les partage par catégories selon leur patrimoine, 1 million de dollars minimum: de 1 million à 3 millions, de 3 à 5, de 5 à 10, de 10 à 25, et les «clients VIP», au-dessus de 25 millions de dollars.

Barclays, banque britannique, m'a confié les comptes du Canada et des États-Unis. J'allais voir les clients, ils étaient ravis, personne ne s'occupait d'eux jusque-là. Puis Barclays a arrêté ce business outre-Atlantique, sans doute par peur des conséquences ; pourtant, ce sont les Britanniques qui ont inventé le *private banking*. Je me suis rabattu sur Londres et démarché mes clients en fréquentant régulièrement les plus prestigieux clubs privés, où l'élite financière se retrouve, vers Sloane Square, Pall Mall et Knightsbridge. J'allais y dîner ou déjeuner, l'argent rentrait.

Avant de signer chez UBS, j'ai exigé 20% de *performance bonus*, la commission sur l'argent que je faisais gagner à la banque. Une procédure habituelle aux États-Unis, mais pas en Suisse, où les banquiers étaient comme des soldats de l'armée. Moi, je ne rentrais pas dans ce moule. J'ai dit: «*On va négocier les règles.*»

Ils ont tiqué puis accepté 18%, avec un gros salaire en plus. Je suis devenu le banquier privé le mieux payé de Suisse. Les autres étaient furieux – pour sûr, UBS n'a jamais signé à nouveau un contrat pareil.

Dans les trois premiers mois, je leur ai apporté 200 millions de dollars d'un client californien, Igor Olenicoff. Ce milliardaire d'origine russe avait fait fortune dans l'immobilier. Je l'ai récupéré de chez Barclays qui fermait ses activités aux Bahamas. Mon job consistait à convaincre des Américains comme lui de placer leur argent en Suisse. Souvent, ils créaient des trusts au Liechtenstein ou ailleurs pour servir de paravents. On se doutait qu'ils ne déclaraient pas ces sommes aux États-Unis, mais un banquier est un banquier, pas un percepteur: comment savoir s'ils déclarent ou pas ? Votre banque vous demande chaque année votre déclaration d'impôts ? Non ! On respectait scrupuleusement la loi suisse. Je n'ai pas inventé ce système. Ces Américains ouvraient un compte, tout était légal – en Suisse. Évidemment, si l'argent provient de la drogue, de la prostitution ou du terrorisme, ça pose un gros problème. Mais comment savoir ?

> **« Je suis devenu le banquier privé le mieux payé de Suisse. Les autres étaient furieux. Dans les trois premiers mois, je leur ai apporté 200 millions de dollars. »**

Cent cinquante clients figuraient dans mon portefeuille, dont trente Nord-Américains, que je conseillais en matière d'investissements et de planification successorale. En tout, chez UBS, nous avions dix-neuf mille clients américains. Quatre ou cinq fois par an, j'allais en chercher de nouveaux aux États-Unis dans des événements souvent parrainés par UBS:

du yachting à Newport (Rhode Island), la foire d'art de Miami, des tournois de tennis ou de golf, des concerts VIP... Quand on me demandait ma profession, je répondais « *banquier à Genève* ». Si ça les intéressait, je les invitais en Suisse, au Festival de Cannes, à Venise, à Wimbledon pour le tennis, à la Oktoberfest (« la fête de la bière ») de Munich...

La relation avec les clients dépendait de chaque banquier privé ; s'il était engageant, instruit, dynamique. Ces clients sont en général des personnes sophistiquées. J'essayais de comprendre tous leurs aspects, de connaître leurs passe-temps et leurs goûts. Leurs plats et vins préférés, leurs vacances, leur équipe de sport, leur affiliation politique et leurs antécédents familiaux. Ils aimaient mon style ouvert mais pro, nouveau et rafraîchissant par rapport à la rigidité du banquier privé suisse. Je ne les poussais pas à investir dans les *hedge funds* d'UBS, des fonds spéculatifs non réglementés qui comportaient trop de frais, pour une performance médiocre. Je préférais ne pas prendre de risque excessif.

**« Le système protège la banque, pas les banquiers, ni les clients ou les actionnaires. »**

**Une nuit typique à Genève n'était jamais typique.** Certains clients appréciaient un dîner au bord du lac ou dans la vieille ville, un cigare sur une terrasse avec du cognac. D'autres aimaient faire du bateau sur le lac ou jouer au golf dans un country-club prestigieux. Parfois, on allait en France, pour déguster une cuisine merveilleuse et jouer au casino. Dépenser 500 dollars pour un déjeuner ne posait pas de problème. Pas difficile de les convaincre : UBS avait une bonne image, j'avais le sens du contact, et « l'optimisation fiscale » les excitait. La banque nous conseillait de rester discrets aux États-Unis : pas de documents sur nous, que des noms de code, pas de relevés bancaires, des cartes de visite sans le logo UBS... Pendant quatre ans, mon existence avait tout du rêve, entre mon appartement à Genève et mon chalet à Zermatt.

En 2005, un de mes collègues trouve sur l'intranet de la banque un document caché, un mémo de trois pages datant de 2004 : les « Cross-Border Banking Policies », les règles sur les mouvements d'argents transfrontaliers. Et là, c'est le choc. C'est conçu pour couvrir la banque : la hiérarchie décrète nos activités illégales, première nouvelle, et s'il nous arrive un pépin, elle s'en lave les mains. Le système protège la banque, pas les banquiers, ni les clients, ou les actionnaires. La banque ramasse les bénéfices, on paie les pots cassés.

J'attrape mon chef par le col : pourquoi personne ne nous a prévenus ? D'un côté, on nous pousse à ces pratiques, de l'autre, on les déclare en cachette illégales ?! Pas de réponse. Je monte plus haut dans la hiérarchie. Toujours rien. J'explose : « *Si on fait 200 millions de bénéfice par an (ce que gagnait UBS sur les 20 milliards de dollars déposés par des Américains sur ses comptes), on est des voyous ?* »

Après plusieurs mois à me plaindre auprès du service juridique, je démissionne d'UBS. Je veux alerter le département de la Justice américain, à Washington. Pour moi, ils seront contents de récupérer mes infos, ils vont enquêter et m'accorderont le statut de lanceur d'alerte. Grossière erreur ! Je passe trois jours avec des magistrats à Washington en juin 2007, je leur déballe tout: des documents, des noms, des e-mails, des infos que la justice américaine n'a jamais eues. Finalement, moi, Birkenfeld, je serai le seul à aller en taule. Normalement, on ne jette pas les lanceurs d'alerte en prison ! C'est quand même moi qui suis venu les trouver, alors que je vivais depuis quinze ans en Suisse, et que j'aurais pu y rester ! L'une des magistrates chargées des affaires fiscales m'a lâché: *« Vous n'êtes pas un lanceur d'alerte ! Vous êtes un informateur ! »*

J'ai compris, mais trop tard, qu'ils méprisaient les lanceurs d'alerte.

Mon problème, à la base, c'est que la loi suisse m'interdisait de révéler les noms des détenteurs de comptes. Il fallait que le département de la Justice américain délivre contre moi un mandat m'obligeant à témoigner, ce qui m'aurait protégé. Ils n'ont pas voulu. En fait, ils comptaient me coincer, et ils ont utilisé mon meilleur client, Olenicoff, pour ça: je ne le dénonçais pas, donc je le protégeais. Mais comment aurais-je pu le balancer ? Cela m'était impossible à cause de la loi suisse.

**« J'ai proposé d'enregistrer les responsables de la banque. Ils m'ont dit que je regardais trop de films. »**

Ils m'ont accusé de l'avoir aidé à transférer ses comptes de la Suisse au Liechtenstein, pour les mettre à l'abri, en 2005, après une descente du fisc américain chez lui. Mais Olenicoff m'avait donné cet ordre, je devais lui obéir ! J'ai dénoncé un autre client qui gagnait de l'argent avec des ventes illégales du pétrole de Saddam Hussein en Irak. Il avait 420 millions de dollars sur ses comptes secrets, un appartement de 50 millions à New York, le procureur m'a dit: *« Nous ne sommes pas intéressés par les non-Américains. »*

Ah oui ? Dans ce cas, ils n'étaient pas non plus intéressés par les terroristes non américains qui se sont écrasés sur les tours du World Trade Center, le 11 septembre 2001 ?

J'ai expliqué qu'en décembre 2007 se tiendrait la Art Basel Exhibition à Miami, parrainée par UBS. J'ai proposé de nommer les banquiers qui y recruteraient des clients, il n'y avait plus qu'à les cueillir à leur hôtel, mais en faisant vite, car les « *panic buttons* » sur les ordis nettoient instantanément toutes les données. Ils n'ont pas voulu.

J'ai proposé d'enquêter, équipé d'un micro pour enregistrer les responsables de la banque. Ils m'ont dit que je regardais trop les films hollywoodiens. Sans doute que parmi tous ces clients ils avaient des contacts politiques. Pour moi, le département américain de la Justice devrait être poursuivi pour collusion, corruption, complot et trahison.

**En mai 2008, j'atterris à Boston à une réunion d'anciens de mon lycée. Mauvaise surprise à l'aéroport: la police m'arrête,** grâce notamment à des infos d'Olenicoff. Je plaide coupable, puisque je m'étais déjà incriminé en révélant l'affaire. On me libère contre le paiement d'une caution de 100 000 dollars, avec un bracelet électronique. Le vent tourne de plus en plus.

Pendant ce temps, le département de la Justice attaque UBS et exige les noms des dix-neuf mille comptes américains en Suisse. Grâce à mon travail, mais sans le reconnaître ! La banque refuse de les donner: la loi helvète l'interdit. Pour elle, le département accepte: il attend que le Parlement suisse change la loi. Deux poids, deux mesures. En 2009, après un accord avec le gouvernement, la banque révèle quatre mille sept cents noms sur dix-neuf mille. Soit un taux d'échec de 75%. Pourquoi ? Elle paie 780 millions de dollars pour régler l'affaire judiciaire. Pas grand-chose : de 2000 à 2007, UBS a engrangé 1,6 milliard de dollars grâce à ces comptes !

À mon procès, à l'été 2009, au tribunal de Fort Lauderdale (Floride), le procureur reconnaît : « *Si M. Birkenfeld n'avait pas poussé la porte du département de la Justice à l'été 2007, je doute que cette fraude massive aurait été découverte.* » Kevin Downing qualifie mon aide d'« *opportune, significative, utile, vérifiée, complète et fiable* ». Il souligne que grâce à moi le gouvernement suisse prépare de nouveaux traités fiscaux avec les États-Unis pour lever le secret bancaire, « *ce qui n'était jamais arrivé auparavant* ». Et on me traite comme un délinquant, parce que je n'ai pas balancé Olenicoff ! Le procureur réclame trente mois de prison en m'accusant de « *complot pour échapper à l'impôt* ». Selon lui, ma dénonciation visait à « *obtenir une compensation de la part d'UBS* » : « *M. Birkenfeld voulait gagner de l'argent en divulguant les méfaits d'autres personnes.* »

Ça n'a aucun sens. Si j'étais mal intentionné, pourquoi aurais-je quitté un job où il m'arrivait de gagner 1 million de dollars dans l'année ? Mon avocat suggère six à neuf mois de détention effectuée à domicile. Le tribunal reste sourd et ajoute dix mois aux réquisitions, soit une peine de quarante mois ferme. « *Birkenfeld mérite une statue sur Wall Street, pas une peine de prison* », proteste le *Daily News*.

Le National Whistleblower Center (ou NWC, le Centre national des lanceurs d'alerte) demande une grâce au président Barack Obama, sans succès. Trois jours après ma condamnation, il joue au golf avec le patron d'UBS Amérique, Robert Wolf, un des gros donateurs de sa campagne électorale. Dix-huit mois auparavant, Olenicoff avait signé un accord : deux ans de prison avec sursis et 52 millions de dollars d'amende. Pas un jour derrière les barreaux. Deux poids, deux mesures. Après m'avoir enfoncé, Olenicoff me réclame de l'argent en prétendant qu'il a fraudé le fisc sur nos conseils ! Heureusement, sa plainte est rejetée. Quant à mon supérieur chez UBS, qui a orchestré et encouragé nos pratiques, il est arrêté à l'aéroport de Miami en 2008, assigné à résidence dans un grand hôtel, le Ritz Carlton. Puis il promet de coopérer avec la justice et regagne tranquillement la Suisse. Pas d'incarcération. Deux poids, deux mesures.

La prison est un business aux États-Unis. On les construit pour ensuite les remplir, ça rapporte de l'argent. La justice colle quinze ou vingt ans pour des histoires de drogue minables, elle détruit la vie de gens qui ne méritent pas de pourrir en taule, cible les Latinos et les Noirs parce qu'ils sont socialement défavorisés. Avec les réductions de peine, je purge deux ans et demi, c'est comme une sorte d'université. Complètement dingue. La prison fédérale de Schuylkill, en Pennsylvanie, est une sorte de camp, pas de clôture, pas de cellules. Une expérience productive, pour moi. J'aide les détenus avec leur paperasse, je fais des pompes, je nettoie le sol et deviens champion du linoléum. Je suis comme le comte de Monte-Cristo : accusé injustement, mis au ban de la société, attendant d'être réhabilité.

**Dans ces endroits, il n'y a que deux possibilités : tu es fort et tu sors plus fort, tu es faible et tu sors plus faible. J'ai choisi.** Je m'y suis amélioré comme être humain, renforcé par cette certitude : mon action a eu un impact.

J'ai dénoncé la plus grande fraude fiscale de l'histoire américaine. J'ai fait tomber le système, je l'ai nettoyé alors que personne ne voulait le faire. Grâce à moi, la Suisse a en partie abandonné le secret bancaire, UBS a fermé dès 2008 le service dans lequel je travaillais. Le fisc américain a déclenché trois procédures d'amnistie. Le département de la Justice a lancé en 2013 un « Swiss Bank Program » dans lequel près de cent banques suisses avaient, en 2016, payé 1,4 milliard de dollars tout en renonçant à leurs pratiques de banque offshore aux fins d'évasion fiscale. Rien que dans cette procédure, cinquante-quatre mille Américains qui planquaient leur argent à l'étranger ont versé plus de 8 milliards de dollars en impôts, amendes et pénalités.

Je suis fier de ces avancées. Mon action m'a certes rapporté une grosse somme d'argent, mais l'État américain a récupéré beaucoup plus : au moins 25 milliards de dollars. J'ai fait ce que mes parents m'ont enseigné : la différence entre le bien et le mal. Mon père était un neurochirurgien respecté, ma mère, une ancienne mannequin devenue femme au foyer. Avec mes deux grands frères, nous avons eu une bonne éducation. Un bon lycée privé, puis une académie militaire privée, Norwich University, dans le Vermont. Je rêvais de devenir pilote de chasse ; je n'étais pas au niveau, et trop grand pour entrer dans le cockpit ! Je me suis lancé dans la finance parce que j'aimais ça.

**Aujourd'hui, je vis sur l'île de Malte. J'ai investi mon argent intelligemment dans l'immobilier,** les œuvres d'art, les objets de collection liés au sport, ça me rapporte plus que si j'étais resté banquier ! Je suis une grande gueule et j'aime la provocation. Avec mon site www.lucifersbanker.com, je milite pour qu'on reconnaisse le statut des lanceurs d'alerte. Je compte ouvrir un bureau en Europe pour les soutenir et aider les entreprises à respecter les règles. Je donne des conférences – à HEC, la grande école de commerce près de Paris, par exemple. Les lanceurs d'alerte doivent être considérés comme le prolongement des forces de l'ordre. L'Europe doit changer ses lois pour mieux les protéger et les rétribuer. Ils prennent des risques énormes et sont terriblement isolés. Ils subissent des violences physiques, mettent en péril emploi, mariage, stabilité financière.

« Je déteste Joe Biden, il vient du Delaware, un État dont la richesse est fondée sur le secret bancaire, qu'il n'a jamais dénoncé. »

Mon livre *Le Banquier de Lucifer*, publié en 2016 aux États-Unis, a été traduit en huit langues (il est édité en France en 2018 chez Max Milo). Je cherche un producteur et un réalisateur pour lancer un film et une série télé. Grâce à cet ouvrage, j'ai aidé la justice française dans son procès contre UBS. J'ai témoigné en 2015 pendant dix heures chez le juge d'instruction à Paris et remis des documents. J'ai assisté aux audiences. En première instance, UBS a été condamnée à 4,5 milliards d'euros d'amendes et dommages et intérêts. La cour d'appel a réduit cette somme, en décembre 2021, à 1,8 milliard d'euros. Je vois en France la difficulté à se faire indemniser qu'a rencontrée la lanceuse d'alerte Stéphanie Gibaud, ex-cadre d'UBS France, après avoir dénoncé les pratiques illégales de la banque. Cette dernière a essayé de la détruire. Le système français ne protège pas assez les lanceurs d'alerte.

Je déteste Joe Biden, il vient du Delaware, un État dont la richesse est fondée sur le secret bancaire, qu'il n'a jamais dénoncé, alors qu'il en a été sénateur de 1973 à 2009. Je déteste Hillary Clinton : elle a aidé UBS à signer l'accord avec le fisc américain, en 2009, quand elle était secrétaire d'État (l'équivalent américain de la ministre des Affaires étrangères) d'Obama. Un accord très favorable à UBS. Ensuite, la banque a financé massivement le couple Clinton, via sa fondation.

Je soutiens Donald Trump. Bien sûr, c'est un égocentrique, loin d'être parfait, mais il a une qualité. C'est un homme d'affaires et ce qu'il promet, il le fait : baisser les impôts, reconnaître Jérusalem comme la capitale d'Israël, construire un mur pour empêcher l'immigration illégale… À l'hiver 2020, je cherchais à obtenir une réhabilitation et Trump, battu par Biden, distribuait des grâces à tour de bras avant de quitter la Maison Blanche. Corey Lewandowski, son directeur de campagne, m'a demandé 300 000 dollars pour plaider mon cas [ce qu'il conteste, ndlr]. J'ai refusé. Finalement, je n'ai pas obtenu ce pardon. Trop de monde essayait de tirer les ficelles en coulisses. Mais je continue à me battre et je n'arrêterai jamais.

Retour sur l'histoire chaotique de la législation anticorruption avec l'ancien procureur général de Genève, **Bernard Bertossa.** Pessimiste, sans être résigné, l'ex-magistrat suisse évoque les solutions à mettre en œuvre pour tenter d'éradiquer les paradis fiscaux.

**Propos recueillis par Coline Emmel — Illustration Aline Bureau**

# « Les grands criminels financiers n'ont pas peur des sanctions »

**En 1996, le journaliste Denis Robert vous réunit avec six autres grands magistrats européens, dont Renaud Van Ruymbeke et Baltasar Garzón, pour lancer l'appel de Genève. Qu'en attendiez-vous à l'époque ?**

Le but [de cet appel à instaurer «*un véritable espace judiciaire européen*» auquel adhéreront plus de quatre cents magistrats français en 1997, ndlr] était d'alerter l'opinion publique sur l'absence de moyens dont disposait la justice pour poursuivre la grande criminalité financière. Nous espérions que le message serait reçu par les législateurs, à savoir ceux qui avaient la capacité de prendre des décisions – car ce ne sont pas les juges, mais les parlements qui font les lois.

**Le message est-il passé ?**

Les progrès que nous appelions de nos vœux sont en partie advenus. En matière d'entraide judiciaire internationale, il y a eu des avancées significatives dont il faut se réjouir. Les échanges de preuves sont aujourd'hui plus rapides, par exemple. Toutefois, cela ne s'est pas produit seulement grâce à l'appel de Genève, mais aussi grâce aux combats menés parallèlement par d'autres acteurs – notamment des ONG – et qui ont permis que la justice soit rendue de manière un peu plus efficace à l'égard de la criminalité financière.

**Au moment de l'appel de Genève, la Suisse était le mouton noir de l'Europe en matière de crimes financiers. Cela a-t-il changé ?**

Dans les années 1990, la Suisse était très violemment critiquée pour son secret bancaire, son secret fiscal et son inaction en matière de lutte contre la corruption et contre la criminalité financière. Le pays a fini par faire évoluer sa législation. Mais cela n'a jamais été très spontané, ce fut souvent, pour ne pas dire toujours, le fruit de pressions extérieures. Certaines ont été directes, comme celles des États-Unis en matière fiscale – c'est l'épisode de la chute du secret bancaire, en 2014 –, d'autres indirectes, et dues à l'appartenance de la Suisse à un certain nombre d'organisations internationales, dont le Conseil de l'Europe, qui a été pionnier en matière de législation, notamment sur la corruption d'agents publics étrangers. Au crédit de la Suisse, il faut dire qu'elle a, plus que les autres, le souci d'appliquer les nouvelles lois. Par exemple, elle est plutôt bonne élève en matière d'entraide administrative, financière et fiscale, notamment pénale : la Suisse transmet aujourd'hui spontanément aux autorités étrangères des preuves qu'elle a recueillies au cours de ses propres enquêtes, pour faciliter des investigations ou permettre l'ouverture de poursuites au-delà de ses frontières. On ne peut pas en dire autant de Londres, par exemple, ou de Washington. Les Américains ne collaborent que s'ils y ont un intérêt. Dans le cas contraire, on ne peut pas tellement compter sur eux.

**Parmi les mesures législatives prises au cours des vingt-cinq dernières années, quelles sont les plus efficaces ?**

Vous voulez dire, les moins inefficaces, non ? En matière d'entraide judiciaire internationale, nous sommes passés du Moyen Âge au XX^e siècle. Mais sans atteindre le XXI^e ! À mon arrivée au parquet, au début des années 1990, pour qu'un juge français puisse obtenir des renseignements sur un compte bancaire suisse, il devait passer par Paris, puis par Berne. Et alors seulement la requête parvenait au parquet de Genève, par exemple. Si nous décidions d'accepter l'entraide, le suspect mis en cause avait alors deux ou trois échelons de recours possibles, puis la réponse repartait, via Berne, vers Paris. Dans certaines affaires délicates, des commissions rogatoires de juges français [lorsqu'un juge d'instruction en charge un autre de procéder à des actes de l'instruction, ndlr] sont restées bloquées au ministère français de la Justice pendant presque un an avant d'être envoyées ! Aujourd'hui, les juges français peuvent s'adresser directement aux juges suisses du canton où se trouve potentiellement le compte bancaire qu'ils recherchent. Il faut aussi garder à l'esprit qu'avant les années 1990 le blanchiment d'argent n'était pas punissable, sauf aux États-Unis. Dans les démocraties d'Europe occidentale, aucune loi ne réprimait

le blanchiment ou la corruption d'agents publics étrangers. Les délits d'initiés étaient pratiquement absents des Codes pénaux. Quant à la fraude fiscale, elle n'était même pas punissable en Suisse. Les lois ont évolué et les avancées législatives se sont concrétisées par un certain nombre de poursuites en Italie, en France ou même en Suisse. Cependant, malgré ces progrès, et la bonne volonté d'un certain nombre d'autorités judiciaires, la corruption reste un fléau mondial. Le problème n'est plus tant la législation en elle-même que son application, qui reste extrêmement difficile.

**Pourquoi les lois sont-elles compliquées à appliquer?**

La difficulté principale tient à la différence abyssale entre les moyens à disposition des criminels pour commettre leurs méfaits, et l'absence de moyens dont la justice dispose pour les réprimer. C'est le jeu du chat et de la souris. Le second obstacle, c'est l'absence de collaboration réelle entre les différents États. Or la grande criminalité financière est, par définition, internationale. Prenons la corruption: il ne s'agit pas d'un crime que l'on peut commettre seul. Il faut un corrupteur et un corrompu qui, en général, ne se trouvent pas dans le même pays. Quant à l'argent qu'elle génère, il peut se promener dans le monde entier avant d'atterrir, par exemple, à Genève. Pour remonter sa trace, la collaboration des pays par lesquels les fonds ont transité est indispensable. Sauf que certains États ne vont jamais coopérer, ou alors dans des conditions telles que les poursuites finiront par être prescrites. Ainsi, une commission rogatoire envoyée à Moscou pour un problème de corruption en Russie restera lettre morte ou recevra une réponse complètement fantaisiste. Et c'est la même chose pour Dubaï ou Hongkong. La plupart de ces pays vivent de la fraude et n'ont aucun intérêt à appliquer les lois, même les leurs. En Europe aussi, des pays rechignent à coopérer. J'en ai plusieurs fois fait l'expérience. À l'époque où j'étais en poste, la coopération avec les Anglais était catastrophique. Concernant Malte, il a fallu des pressions énormes pour qu'ils acceptent enfin de se mettre un peu à la page dans le domaine du blanchiment d'argent. Chypre ou le Luxembourg, n'en parlons même pas... Quant à la Suisse, elle continue d'héberger tranquillement des centaines de milliers de comptes bancaires sans toujours être sûre que ces derniers ne participent pas au blanchiment d'argent. Aujourd'hui, la plupart des pays ne sont plus sur ce qu'on appelle les «listes noires» d'États non coopératifs. Grâce aux pressions du Conseil de l'Europe ou du Gafi [le Groupe d'action financière, un organisme intergouvernemental de lutte contre le blanchiment d'argent et le financement du terrorisme, ndlr], ils ont signé des accords, des engagements, ils ont même changé leurs lois... mais ils ne les appliquent pas!

**Alors, que peut-on faire face aux paradis fiscaux?**

Nous ne devrions plus nous contenter de pointer du doigt ceux qui n'ont toujours pas mis en place les dispositions législatives nécessaires. Des pressions devraient également être exercées sur les pays qui n'appliquent pas les lois existantes. Problème: les seuls à même de dénoncer l'absence de coopération de certains États, pour l'expérimenter au quotidien, sont les juges. Or il n'existe pas d'organe judiciaire suprême qui puisse s'ériger en rédacteur de listes noires de pays non coopératifs. La justice est encore très nationale alors que la criminalité financière s'est universalisée.

**Existe-t-il d'autres solutions?**

Une chose choquante pourrait être résolue assez rapidement et sans frais. Dans nos États de droit, nous pourrions refuser de considérer comme juridiquement existantes les sociétés-écrans.

**«Nous pourrions refuser de considérer comme juridiquement existantes les sociétés-écrans.»**

# « La Suisse continue d'héberger tranquillement des centaines de milliers de comptes bancaires sans toujours être sûre que ces derniers ne participent pas au blanchiment d'argent. »

Nous nous plaignons de l'inefficacité des poursuites et, dans le même temps, nous laissons aux malfrats les moyens de se cacher. Ces sociétés n'ont aucune autre activité que de faire transiter des flux financiers qui ne leur appartiennent pas, en cachant l'identité des véritables ayants droit, les vrais propriétaires qui se trouvent derrière. Nous les tolérons, mais nous pourrions très bien considérer que cette reconnaissance est dorénavant exclue. Nous pourrions dire : « *Vous n'existez pas. Donc si vous n'existez pas, nous ne vous reconnaissons pas comme entités juridiques, et vous n'avez pas le droit d'ouvrir des comptes en banque.* » Ça passerait un sacré coup de balai. Mais peu de législateurs, même en Europe, sont prêts à franchir ce pas.

**Faudrait-il que les peines soient plus sévères ?**

Les grands criminels financiers n'ont pas peur des sanctions. Ils ne craignent pas le gendarme. C'est bien le problème : ils n'ont peur de rien. Une personne corrompue à la tête d'un État ne risque strictement rien. De quoi aurait-elle peur ? D'un changement de régime ? De notre vivant, il n'y aura pas de changement de régime en Chine, en Russie ou dans les pays du Golfe. Donc leurs dirigeants corrompus sont tranquillement à l'abri de toute poursuite chez eux. Et internationalement, qui va s'amuser à les poursuivre en sachant d'avance qu'il sera impossible d'obtenir les preuves nécessaires à une condamnation ?

**C'est décourageant…**

Tout à fait. Mais cela ne signifie pas que rien n'est dissuasif. Quand nous menons nos enquêtes, nous pouvons faire preuve de stratégie. Pour semer un peu d'insécurité. Quand j'étais en poste, j'étais parfaitement conscient que nous n'arriverions pas à éradiquer la grande criminalité financière. Mais en créant de l'insécurité, nous pouvons en limiter les conséquences. En tout cas, nous pouvons espérer.

**Les corrompus ont beau se cacher derrière leur système judiciaire, ils ont quand même tendance à investir à l'étranger, notamment dans l'immobilier, par le biais de sociétés-écrans. Que pensez-vous de la proposition de l'économiste Gabriel Zucman de créer des cadastres recensant les bénéficiaires effectifs de ces propriétés à travers le monde ?**

Je ne suis pas certain de bien comprendre l'utilité de la proposition de Gabriel Zucman [lire à ce sujet page 164]. Allez demander à Poutine de fournir la liste des biens qu'il possède… C'est naïf ! La liste des bénéficiaires pourrait être utile si elle était sincère. Mais demandez donc aux banques du Delaware si elles sont prêtes à donner la liste des personnes qui se cachent derrière les numéros de compte de leurs clients. Elles vous riront au nez. Même si les États-Unis signent une convention quelconque, cela ne changera rien. Ils ont une bonne législation en matière de lutte contre le blanchiment, ce qui ne les empêche pas d'abriter des secteurs bancaires qui échappent à toutes les règles en la matière. Législation internationale ou pas, traité international ou pas, les corrompus vont continuer à se soustraire à toutes ces mesures, ils n'en ont strictement rien à faire.

**Ces dernières années, le traitement par les médias des crimes financiers a changé. Qu'en pensez-vous ?**

Heureusement que la presse est là. Car sans son travail, ce serait pire. Dernièrement, des consortiums internationaux de journalistes ont exploité des fuites massives de documents, donnant lieu à la diffusion d'enquêtes telles que les « Swiss Leaks », les « Lux Leaks » ou les « Panama Papers ». Il faut également noter le rôle des lanceurs d'alerte : sans eux, nombre de choses resteraient secrètes. Mais il faut s'interroger : cela trouve-t-il un écho dans la population ? J'ai l'impression que la majorité des gens s'en foutent.

# À chacun

# sa recette

Dans l'optimisation fiscale, il y en a pour tous les goûts : des formules rapides et pas chères aux montages sophistiqués élaborés, à la carte, par les plus grands chefs de la cuisine fiscale. Visite des arrière-cuisines de la fraude à l'impôt, où tambouille rime avec magouille, évasion avec indigestion… Et où l'on risque peu à être gourmand.

**Par Catherine Le Gall — Illustrations Jakob Hinrichs**

Longtemps, j'ai cru que l'évasion fiscale se résumait à une suite d'opérations abstraites et immatérielles qui, de manière assez inexplicable, faisait disparaître quelques zéros sur les fiches d'impôts. Jusqu'au jour où j'ai eu entre les mains un montage financier « trois étoiles » qui m'a ouvert les portes d'un univers concret, organisé et très humain. Il s'agissait d'une opération improbable menée par un duo de milliardaires, le Belge Albert Frère et le Canadien Paul Desmarais : la vente en 2006 de la chaîne de restauration Quick à la Caisse des dépôts et consignations (CDC) au prix exorbitant de 760 millions d'euros.

J'ai dévoré des pages et des pages de documents à propos de ce montage qui, de loin, paraissait totalement obscur mais qui, de près, réalisait des miracles : gonflement artificiel du prix de vente, garantie d'anonymat pour les investisseurs, circulation opaque des capitaux, versement rapide des dividendes et, bien sûr, réduction drastique des impôts. Derrière ces opérations quasi magiques, il y avait des noms bien réels : le cabinet d'avocats londonien Freshfields, les banques Rothschild, BNP et ING ou les gestionnaires de fortune Degroof et Petercam. À ce moment-là, j'ai réalisé que les montages financiers ne se réduisent pas à des manipulations mystérieuses et qu'ils sont produits par des milliers d'hommes et de femmes qui se lèvent tous les matins dans un seul but : que leurs clients gagnent de l'argent et paient le moins d'impôts possible.

Ils sont banquiers, experts-comptables, auditeurs, avocats fiscalistes, conseillers fiscaux ou gestionnaires de fonds. Leur rôle est largement méconnu du grand public et ils travaillent dans l'ombre. Pourtant, ce sont eux qui rendent possibles, très concrètement, les opérations d'optimisation, d'évasion, voire de fraude fiscale. Chacun a sa spécialité, sa clientèle, ses produits et, finalement, on peut comparer le monde de la fiscalité à celui des cuisines. Il y a l'industrie du « fast food », qui produit des montages fiscaux à la chaîne ; la « cuisine maison », qui prépare de bons petits plats détaxés à base de produits locaux ; et enfin la « haute gastronomie », qui conçoit des montages sophistiqués et uniques. Qui sont ces chefs qui œuvrent derrière les fourneaux fiscaux ?

**Les cuisines de l'industrie fiscale fournissent les multinationales en hamburgers à la chaîne « sauce offshore ».** Les quatre cabinets les plus puissants du monde, les « Big Four » – Deloitte, Pricewaterhouse Coopers (PwC), Ernst and Young et KPMG – emploient plus d'un million de salariés dans cent cinquante pays et ont engrangé 167 milliards de dollars de chiffres d'affaires en 2021. Leurs prestations vont de l'audit au conseil en fusion-acquisition en passant par la fiscalité. Certaines sont réalisées sur mesure et même savamment ficelées mais, d'une manière générale, les Big Four sont de grands fournisseurs de montages fiscaux prêts à l'emploi pour les multinationales dont les activités naviguent entre plusieurs régimes de fiscalité. Friands de jeunes diplômés qui viennent y faire leurs armes, ils ont une méthode de recrutement archisélective et ne retiennent que les meilleurs profils.

C'est au Luxembourg dans l'un de ces cabinets qu'a commencé comme fiscaliste, Philippe Liger-Belair, quadragénaire,

**Ils sont banquiers, experts-comptables, auditeurs, avocats fiscalistes, conseillers fiscaux ou gestionnaires de fonds. Leur rôle est largement méconnu du grand public. Pourtant, ce sont eux qui rendent possibles les opérations d'optimisation, d'évasion, voire de fraude fiscale.**

**Témoignage**

## Anonyme

***« J'ai commencé ma carrière en tant qu'avocat fiscaliste dans un grand cabinet français*** *puis j'ai été embauché dans un Big Four. C'était une époque qui est aujourd'hui révolue : dans les années 2000, on concevait des montages fiscaux agressifs qui permettaient, par exemple, une double déduction de charges. Nous étions toute une armée de petites mains, des avocats, des conseillers fiscalistes et des salariés de banque d'affaires. Nous menions de gros deals à une vitesse record : il n'était pas rare d'être appelé le vendredi et de devoir monter une équipe le lundi pour livrer un rapport de deux cents pages trois semaines plus tard. Tout était très confidentiel. Par exemple, sur les gros dossiers, nous ne savions pas pour quelle entreprise nous travaillions. Lors des réunions à Bruxelles où il y avait quarante conseillers dans une pièce, nous utilisions un nom de code. Dans le cas d'une vente ou d'une acquisition de filiale, il faut rester très discret afin qu'aucune information ne fuite dans les marchés. Comme nous ne pouvions rien photographier ou photocopier, les "juniors" pouvaient passer quatre jours dans une salle à copier les données contenues dans cent cinquante cartons sur un tableau Excel. Nous étions les chevilles ouvrières de ces deals. C'est un boulot valorisant car tu es fier de participer à des montages très complexes. Tu vis sous adrénaline. En revanche, tu n'as qu'une vision parcellaire des enjeux, et il n'y a pas beaucoup de réflexion. C'est pourquoi j'ai quitté ces fonctions pour devenir avocat fiscaliste auprès des entreprises. Mon travail m'amène à accompagner des chefs d'entreprise qui préparent leur retraite ou qui souhaitent transmettre leur patrimoine. »*

aujourd'hui sociologue. Au milieu des années 2000, fraîchement émoulu de HEC, il embrasse sa carrière avec enthousiasme. Il apprécie les qualités humaines dont il doit faire preuve : « *Il faut construire puis nourrir les liens avec les directeurs financiers des grands groupes. C'est une relation personnelle et directe qui peut durer des années et qui est basée sur les compétences et la confiance. Leur carrière dépend un peu de la vôtre car, in fine, ils sont jugés sur leur capacité à bien gérer.* » Il y découvre la frontière ténue qui existerait entre l'optimisation et l'évasion fiscale : « *La première consiste à étudier la réglementation fiscale de chaque pays et de faire en sorte que la multinationale ne subisse pas une double imposition, voire réduise sa charge fiscale. La deuxième est plus agressive : elle considère que la différence entre les régimes fiscaux est une opportunité et elle va s'en saisir pour éviter les impôts, sans limites. En profitant de régimes étrangers plus favorables et parfois opaques.* »

Mais au bout de quelques années, il a déchanté : « *Un peu comme chez McDo, les Big Four vendent des produits d'optimisation en masse à de gros clients mais il s'agit de techniques connues qui ne nécessitent pas beaucoup d'imagination.* » Et surtout, il finit par être écœuré par les mentalités et les montants en jeu. « *Les réductions d'impôts prenaient des proportions inacceptables. L'assiette fiscale passait de 30 % imposables à moins de 1 %, dans les cas les plus fous. Autour de moi, la majeure partie des gens n'avaient aucune conscience de la répercussion de l'évasion fiscale sur les États. Par exemple, beaucoup de mes collègues étaient favorables à la privatisation du système de santé et donc ils ne se sentaient pas concernés par sa dégradation. Ils ne se questionnaient pas ou trouvaient des réponses toutes faites comme : "C'est légal, c'est au législateur d'agir".* » Il a fini par démissionner et il consacre désormais une partie de son temps à sensibiliser le public à la question de l'impôt.

Comme Philippe Liger-Belair, Damien* a commencé sa carrière à préparer des Big Mac

* Il s'agit d'un prénom d'emprunt.

# « Autour de moi, les gens n'avaient pas conscience de la répercussion de l'évasion fiscale sur les États. »

**PHILIPPE LIGER-BELAIR** EX-FISCALISTE

financiers dans un Big Four avant de partir vers de nouveaux horizons. Je l'ai rencontré un soir d'été quelque part en Bretagne. À présent loin de cet univers, ce quadra fait part de son expérience, tranquillement assis sur le sable, le regard plongé dans la mer. En pantalon de toile et sandales beiges, il raconte ses premières années de jeune diplômé au sein d'un Big Four autour d'une bière et d'un paquet de chips de crêpes. « *J'y suis rentré au milieu des années 2000. J'étais avocat en fusion-acquisition et je participais à des opérations complexes d'envergure internationale. La taille des équipes dépendait du deal et nous devions travailler dans l'urgence. Pour nous entraîner, la boîte organisait des séminaires internationaux. Je me souviens de l'un d'eux à Budapest où nous étions une vingtaine, toutes nationalités confondues. Enfermés dans un hôtel tout le week-end, nous avons travaillé sur une étude de cas où chacun proposait une solution en fonction de la réglementation de son pays. Comme ça, le jour où il fallait monter une équipe rapidement, nous étions opérationnels.* »

Damien aussi a fini par s'ennuyer. « *C'était très excitant, les opérations et les montants étaient énormes. Mais je n'avais qu'une toute petite vision des opérations. On nous transmettait le mémo du deal, son cahier des charges et*

**Témoignage**

## Maxime Renahy, lanceur d'alerte et journaliste

*« **Avant ma reconversion, j'ai été administrateur à Jersey dans ce que l'on appelle un "General Partner",** une société offshore. Cette structure, qui paraissait indépendante au niveau financier et décisionnaire, était en réalité détenue à 100 % par une entreprise française. Être basé dans un paradis fiscal permet d'échapper au fisc et, souvent, d'agir incognito. Comme dans tout travail, j'avais une routine : mettre en place une holding pour placer les actifs dans les sociétés où elle souhaite investir, analyser et communiquer des données comptables, approuver des comptes annuels. J'avais six clients principaux qui, ensemble, pesaient 6 milliards d'euros d'investissement. À Jersey, j'ai découvert que le monde de l'évasion fiscale est une véritable communauté. Plus le réseau est petit et plus il est loyal, moins il y a de risque. Évidemment, le respect de la confidentialité est central. Parmi tous les professionnels de l'évasion, les avocats fiscalistes sont ceux qui ont le plus de pouvoir. Ce sont eux qui font du lobbying au niveau du régulateur pour que les lois s'adaptent aux besoins de leurs clients. Ce sont eux qui ont le savoir technique pour réaliser les montages financiers. Ensuite, ils font appel aux banquiers qui, finalement, ne font qu'appliquer ce que les avocats leur demandent. La plupart des gens qui travaillent à Jersey se voient comme des défenseurs du libéralisme ou bien des libertariens. Ils estiment que leur rôle est incontournable dans la structure économique mondiale. Ils ne réfléchissent pas aux répercussions économiques et sociales de leurs actes. Pour eux, tout montage financier est légal, mais, en réalité, ils ont souvent comme unique but l'évasion fiscale, l'anonymisation des abus de biens sociaux ou encore le blanchiment d'argent. C'est pourquoi, pour ma part, au-delà de l'aspect technique de leur travail, je n'éprouve aucune admiration pour leur ingéniosité. »*

le bon
GOÛT
de l'évasion
FISCALE

*notre boulot se résumait à vérifier que les opérations prévues étaient possibles dans notre réglementation nationale.* » Sans oublier la grande question, que Damien évoque le regard plongé dans la grande bleue où s'attardent quelques baigneurs. « *Ces pratiques sont possibles car on s'engouffre dans des trous que les États laissent dans la législation. Elles ne sont pas illégales mais sont-elles morales ?* » Aujourd'hui, il a choisi son camp. Fini la fabrication de mets à la chaîne, il a rejoint un cabinet d'avocats spécialisé dans le secteur des affaires. Il concocte à présent de bons petits plats maison à base de recettes plus classiques.

**Nous entrons là dans le domaine feutré de la cuisine française artisanale.** C'est un peu moins grouillant, un peu plus plan-plan. Aux fourneaux, des milliers d'avocats fiscalistes, de conseillers en patrimoine ou d'experts-comptables dont les clients sont des particuliers ou bien des patrons de PME. Aurélie Vrignault, trentenaire à la chevelure brune, a exercé en tant qu'avocate salariée dans un cabinet avant de se reconvertir comme conseillère en image : « *Je recevais les clients en entretien pour préparer un départ à la retraite, une succession ou bien de la gestion de patrimoine.* » À la carte, des produits classiques et peu risqués qui permettent de transmettre son entreprise en bénéficiant d'abattements fiscaux ou bien de faire baisser ses impôts en louant un logement neuf.

**« C'était très excitant, les montants étaient énormes. Et ces pratiques sont possibles car on s'engouffre dans les trous que les États laissent dans la législation. Elles ne sont donc pas illégales, mais sont-elles morales ? »**

**DAMIEN** EX-AVOCAT EN FUSION ACQUISITION

Quant à Damien, il est aujourd'hui associé dans un cabinet ayant pignon sur rue, qui travaille avec les grandes entreprises françaises et les PME. Lorsqu'il m'en parle, alors que les derniers baigneurs sortent de l'eau, ses yeux ont gardé leur petite flamme. Maintenant ses clients le paient pour réduire leurs charges tout en ayant l'esprit tranquille : « *Si on est mal conseillé, on subit une pression énorme car on peut perdre beaucoup d'argent. Les textes prévoient 40 % de pénalité sur les sommes qui ont été soustraites au fisc en cas de manquement délibéré et jusqu'à 80 % en cas de fraude* », récite-t-il. Des montants qui sont supportables pour des multinationales et des milliardaires, comme Albert Frère et Paul Desmarais, mais qui sont intenables pour un simple patron de PME. Quand il le faut, Damien quitte son tablier de cordon bleu pour devenir psychothérapeute : « *Un jour, des clients m'ont avoué qu'ils avaient un compte en Suisse et qu'ils y avaient effectué un retrait peu de temps avant. C'était un acte délictuel et ils n'avaient pas du tout le profil pour assumer de tels agissements. Je leur ai dit : "Tels que je vous connais, si vous continuez, vous allez mal dormir" et je leur ai conseillé de déclarer leur situation.* »

La frugalité est aussi ce que revendique Mabrouk Sassi, la cinquantaine, avocat expérimenté en droit des affaires et en droit fiscal. Avec l'assurance de quelqu'un qui travaille depuis plus de vingt ans dans le secteur, il affirme que l'Hexagone compte de bons produits locaux et qu'il ne sert à rien de s'aventurer hors de ses frontières. Autrement dit, inutile de prendre des risques en utilisant des services offshore alors que les textes français prévoient une kyrielle de niches fiscales et de produits de défiscalisation : « *On fait de l'ingénierie, du sur mesure. La législation nous permet de proposer la meilleure solution qui existe à un moment donné dans le parcours de nos clients.* » D'ailleurs, au cours de la conversation, il déclare qu'il est normal de payer des impôts : « *En France, le système démocratique détermine la charge fiscale. On est d'accord ou on n'est pas d'accord, mais*

**Témoignage**

## Anonyme

*« **J'ai d'abord été directeur de succursale pour une banque internationale à Tokyo et New York.** Je suis maintenant spécialisé dans le financement de gros projets pour des fonds d'investissement. Au fil de ma carrière, j'ai constaté que les pratiques fiscales et réglementaires ont bien changé. Dans les années 1990, tout était possible. Lorsque j'étais à Tokyo, par exemple, un haut cadre de la banque m'a appelé pour me demander de recevoir trois Européens recommandés par le prince saoudien Al-Walid. Il m'a précisé qu'ils n'étaient au Japon que pour une semaine dans le but d'ouvrir un compte très rapidement et d'y placer 2,5 milliards de dollars. J'ai refusé de le faire car je ne savais pas du tout d'où venait l'argent, mais un autre directeur que moi aurait très bien pu accéder à leur demande. À cette époque, il suffisait d'un passeport pour ouvrir un compte en banque. Aujourd'hui, la réglementation a beaucoup évolué et dans la majeure partie des banques un département est chargé d'étudier le profil des clients. Elles utilisent la procédure dite de "KYC" ("know your customer") qui oblige à la vérification systématique de l'identité des clients ainsi que de la provenance de leurs fonds. De plus, les équipes suivent des formations régulières pour se tenir au courant des modifications constantes de la législation. Les banques sont devenues plus méfiantes, je l'ai constaté à mes dépens. Une fois, j'ai effectué un virement provenant d'une banque allemande vers une grande banque française dans le cadre de mes opérations pour un fonds d'investissement. L'argent a été bloqué pendant dix jours sans que je sache pourquoi. J'avais beau interroger la banque, elle ne me donnait aucune réponse. Jusqu'à ce que j'appelle un contact et qu'il m'avoue le problème : la banque allemande portait un nom similaire à une banque régionale russe et le département de la déontologie soupçonnait des mouvements de fonds illicites. Cette anecdote montre bien le changement des mentalités. »*

*il faut l'accepter.* » Il va même plus loin et se dit très attaché à la solidarité nationale. Cela paraît assez incongru de la part d'un avocat fiscaliste dont l'objectif est de réduire la feuille d'impôt de ses clients. Quand on le lui fait remarquer, il précise : *« Il faut payer la somme la plus juste possible. »* C'est ainsi que le pragmatisme de Mabrouk Sassi nous rappelle un principe de base : en fiscalité comme en cuisine, tout est une question d'équilibre.

**Quel ennui ! C'est sans doute ce que se disent les grands chefs face à des plats si sages.** Eux, ils ont besoin de créativité, d'expériences et d'exotisme. Eux, ils bannissent les montages ordinaires pour mitonner des mets inédits aux saveurs exceptionnelles. Comme cette fameuse opération qui a permis l'achat de la chaîne de restauration rapide Quick par la Caisse des dépôts et consignations. Imaginée par les conseillers les plus réputés, elle avait tout d'un menu gastronomique. Les fonds passaient par tellement de structures aux noms différents qui se détenaient les unes les autres qu'il était impossible de suivre le circuit de l'argent. Pour finir, les investisseurs pouvaient rester anonymes grâce à un ingrédient bien particulier : les fonds communs de placements à risque (FCPR), une pincée d'épices qui donnaient toute son ampleur à la recette.

Mais attention, quand on manie de tels composants, il faut savoir doser. Tout est dans la prise de risque : jusqu'où le client est-il prêt à aller ? C'est ce qu'a constaté Philippe Liger-Belair lorsqu'il est passé d'un Big Four à une banque d'affaires avant de quitter définitivement la profession : *« Les montages sont plus imaginatifs et, bien sûr, plus risqués. On doit bien connaître son client, mesurer son aversion au risque et surtout ne jamais prendre de décision à sa place.* » C'est pourquoi le conseiller doit patiemment tisser sa relation de clientèle, quitte à utiliser de petites astuces : « *Je me souviens d'un Américain qui hésitait à signer avec la banque d'affaires dans laquelle je travaillais au Luxembourg. Il ne connaissait pas trop le pays et il avait sûrement quelques réticences face à sa réputation de paradis fiscal. Alors mon patron m'a donné sa carte bleue et m'a demandé de lui envoyer un guide touristique sur le Grand-Duché où il pourrait y lire l'histoire, voir le quartier historique de la ville et ses vieux bâtiments. Il a pensé que cela rassurerait notre client de constater que le Luxembourg était une vieille nation européenne digne de confiance.* »

Aux fourneaux, ce sont l'originalité et la poigne qui comptent. Le chef doit parfaitement connaître les ingrédients et les recettes tout en sachant s'en écarter pour laisser place à l'inventivité. Chacun doit ensuite assumer ses plats devant ses clients, ses confrères et… la justice. Certains mettent un point d'honneur à rester dans les clous et proposent des prestations haut de gamme qui assurent la sécurité juridique de leurs clients. Et la leur. D'autres ont une image plus sulfureuse, comme Typhanie Afschrift, l'une des plus célèbres avocates fiscalistes de Belgique. Après plus de trente ans de métier, elle se revendique libertarienne. Elle ne fait guère mystère de la mission qu'elle s'est donnée. « *Vous défendre contre le fisc* » a longtemps été le vœu qui apparaissait en tête de son site.

**Témoignage**

## Nicolas Forissier, ancien auditeur chez UBS et lanceur d'alerte

***« J'ai été auditeur interne chez UBS [une société de services financiers basée en Suisse, ndlr] de 2001 à 2009****. Ma mission consistait à vérifier que les procédures étaient bien respectées par les collaborateurs et à alerter la hiérarchie le cas échéant. Les auditeurs sont directement rattachés au PDG et au conseil de surveillance de la banque afin d'être totalement indépendants. En théorie, personne ne peut s'opposer à l'exercice de leur mission. Ils ont beaucoup de pouvoir même s'ils ne peuvent pas infliger de sanction. Au départ, je pensais vraiment que je devais traquer les fraudes, mais, petit à petit, je me suis rendu compte que tout était organisé pour qu'elles puissent avoir lieu. Le contrôleur interne a une obligation de résultat. Après, tout dépend des moyens qu'on lui alloue. La banque peut toujours choisir de ne pas embaucher et de faire crouler le personnel sous sa charge de travail. Débordé, l'auditeur remplira ses missions essentielles sans pouvoir fouiller dans les détails. Cette organisation de la pénurie s'ordonne à un niveau plus large. L'Autorité de contrôle prudentiel et de résolution [ACPR, une institution intégrée à la Banque de France, chargée de la surveillance de l'activité des banques et des assurances dans l'Hexagone, ndlr] n'a pas les moyens de remplir sa mission. Deux auditeurs de l'ACPR sont intervenus chez UBS, lorsque j'y étais. Ils ont conclu que nos procédures étaient magnifiques mais ils ne sont pas allés au-delà. Nous sommes une profession réglementée, nous avons le devoir de dénoncer les faits. Mais il y a deux catégories d'auditeurs. Ceux qui ne vont jamais rien auditer d'autre que les crayons de couleur pour être certains de ne pas déranger leur patron, et ceux qui ne vont s'interdire aucun territoire. Nous sommes 3500 auditeurs en France et je suis le seul à avoir vu quelque chose alors que l'évasion fiscale avait lieu partout au même moment. Après toutes ces années de combat, j'ai fini par en conclure que le milieu de la finance est en lien avec le pouvoir et que le pouvoir a besoin de la finance pour obtenir puis conserver ses privilèges. »*

carte

Mise en cause dans l'affaire des « Dubaï Papers » (révélée en France par *L'Obs*, en 2018), elle continue d'exercer en assumant ses convictions : « *Les impôts sont présentés comme étant une obligation à accepter même si l'on n'est pas consentant. Je considère que nous avons le droit de nous organiser pour en payer moins. Cela demande une grande connaissance des textes et des réglementations ainsi que de toutes les niches fiscales que l'on peut utiliser. C'est pourquoi je prends entre 400 et 600 euros de l'heure.* » Quitte à employer des moyens illégaux ? Quand on lui pose la question, Typhanie Afschrift nie avoir jamais franchi la ligne qui sépare l'optimisation de l'évasion : « *Nous travaillons dans la loyauté et le respect des clients* », insiste-t-elle.

D'ailleurs, peut-on parler de simple optimisation fiscale quand on entre dans le domaine de la fiscalité internationale ? Pour Paul Dumbruch, retraité de l'Inspection spéciale des impôts (ISI) – qui lutte contre la fraude fiscale grave et organisée en Belgique –, les montages offshore frauduleux sont la règle et les légaux, l'exception. « *D'après mes vingt ans d'expérience, dans la très grande majorité des cas, il n'y a pas de distinction entre optimisation et fraude fiscale. Le but est de défiscaliser des revenus, de dissimuler des fonds de nature frauduleuse ou bien de les blanchir.* » À la manière d'un critique gastronomique, il a une vision aiguisée de la mécanique offshore : « *Dans ces montages, il est impératif de faire des perquisitions au niveau des intervenants. C'est en ayant les documents en main que l'on peut retracer le circuit de l'argent et, in fine, prouver son caractère frauduleux.* »

Pour produire des mets si complexes, le chef est entouré de collaborateurs : « *L'expert-comptable, qui fait croire que le bilan qu'il livre donne une image fidèle de l'entreprise alors qu'il l'a soit surévalué, soit sous-évalué. Et l'expert en fiscalité qui l'aide à concevoir ces montages.* » Après deux décennies à manger des plats fiscaux de toutes sortes, l'ancien inspecteur ne fait plus la distinction entre fast-food et mets de choix : « *Les montages fiscaux pour les gros clients paraissent très complexes parce qu'ils prévoient beaucoup de fusibles. Quand on comprend le principe de base, c'est toujours d'une banalité crasse mais il faut reconnaître que, au niveau de l'habillage, nous, les fiscards, on applaudit parfois devant l'ingéniosité des experts fiscaux. Il ne faut cependant jamais oublier une chose : c'est un cambriolage des États.* » Un hold-up bien huilé.

**Nicolas Forissier, 53 ans, ancien auditeur à UBS devenu lanceur d'alerte, en a fait l'amère expérience.** C'est pour avoir rempli son devoir d'auditeur de manière rigoureuse qu'il a fait l'objet de poursuites judiciaires. Il raconte son histoire dans *L'Ennemi intérieur*, livre qui ressemble plus à un roman qu'à un témoignage tant les faits qui y sont relatés paraissent invraisemblables. Non seulement la banque a tout fait pour l'empêcher d'alerter les autorités sur les dysfonctionnements internes, mais il a été licencié pour faute grave en 2009.

Selon le lanceur d'alerte, le système est conçu en son entier pour permettre aux multinationales et aux plus fortunés d'échapper à l'impôt. « *Les clients qui en ont les moyens peuvent se payer les meilleurs spécialistes et ils peuvent prendre plus de risques. Non seulement les montages sont difficiles à décrypter mais, quand ils sont révélés, les fraudeurs ont les moyens de payer les amendes.* » De plus, ceux-ci se sentent protégés par l'absurdité d'un système qui confie toutes les tâches à un seul et même acteur : « *Ce sont les mêmes cabinets qui conçoivent les montages pour une banque et qui, ensuite, vont l'auditer pour vérifier le bon fonctionnement de l'établissement.*

**« Les clients qui en ont les moyens peuvent se payer les meilleurs spécialistes. Leurs montages sont plus difficiles à decrypter et même s'ils sont révélés, les fraudeurs peuvent payer les amendes. »**

**NICOLAS FORISSIER** EX-AUDITEUR D'UBS

**Témoignage**

## Philippe Liger-Belair, ancien fiscaliste et sociologue

***« Après être sorti de HEC avec une spécialité en fiscalité internationale,*** *j'ai été embauché au milieu des années 2000 dans une grande firme de conseil international, l'un des fameux Big Four. La plupart des multinationales n'ont que de petites équipes fiscales voire n'en ont pas du tout. Elles faisaient donc appel à nous pour diminuer leurs cotisations, notamment sur les flux internationaux. J'ai vite constaté que, dans un grand cabinet, on fait de l'optimisation fiscale de masse. La plupart des montages reposent sur les mêmes ressorts et sont peu risqués. J'avais envie d'une plus grande stimulation intellectuelle et je suis parti travailler dans une banque d'affaires qui propose du sur mesure. En matière de fiscalité, les opportunités sont infinies ; l'imagination, sans limites. Les banques d'affaires forment des équipes hyperspécialisées qui proposent des solutions intellectuellement très riches fondées sur la législation, la jurisprudence, les textes de loi. Finalement, tout tourne autour de la question du risque. D'un côté, les montages sont plus complexes, donc plus risqués : les clients doivent avoir confiance en nous. De l'autre, les banques doivent être très vigilantes, car elles courent un risque de réputation et un risque pénal. À l'arrivée, je dirais que les riches clients paient cher un conseiller fiscal de haut niveau pour être certains de ne pas courir de dangers inconsidérés. Au bout de quelques années, j'ai senti le besoin de changer de carrière car je trouvais que quelque chose ne tournait pas rond. Les montants des réductions d'impôts prenaient des proportions inacceptables. J'aurais pu devenir lanceur d'alerte mais je suis devenu sociologue car je veux fonder ma réflexion sur la neutralité axiologique, c'est-à-dire chercher à expliquer et comprendre sans juger. J'aimerais, par ma démarche scientifique, expliquer ce qu'est l'impôt, à quoi il sert, ce qu'est l'évasion fiscale et quels sont ses effets sur notre société. Je pense que nous pouvons trouver des solutions collectivement en essayant de mieux comprendre les personnes qui évitent l'impôt. »*

*Sans oublier que c'est la banque qui les paie pour ces prestations. Ce genre de conflit d'intérêts ne dérange personne. »*

Les cuistots de tous bords, qu'ils œuvrent dans l'industrie de la malbouffe, dans la cuisine traditionnelle ou bien dans la haute gastronomie, semblent avoir encore de belles perspectives, même si ceux que l'on nomme les « intermédiaires financiers » commencent à attirer l'attention des institutions politiques. Ainsi, l'Union européenne a monté une sous-commission des questions fiscales pour étudier la possibilité d'instaurer une réglementation de ces professions *« pour un système fiscal équitable »*. L'Organisation de coopération et de développement économiques (OCDE) y a, elle, consacré un rapport au titre offensif en 2021 : « En finir avec les montages financiers abusifs, réprimer les intermédiaires qui favorisent les délits fiscaux et la criminalité en col blanc ». Enfin, en juillet 2022, la Commission européenne a lancé un appel à contribution et une consultation publique sur le sujet en vue de l'adoption éventuelle d'une directive. Difficile de dire si ces travaux peuvent inquiéter la profession. En Belgique, une proposition de loi sur la régulation des « intermédiaires fiscaux » est en discussion depuis 2019 et n'a toujours pas abouti. De leur vivant, Albert Frère et Paul Desmarais agissaient dans une totale impunité, certains d'être protégés par les meilleurs experts et une législation plutôt complaisante. Aujourd'hui, l'étau juridique se resserre et leurs descendants se posent tous la question : les législateurs et les gouvernements ont-ils vraiment décidé de mettre les pieds dans le plat ? XXI

En coulisses

## Le silence est d'or

**Est-il honteux d'aider le contribuable à alléger sa feuille d'impôts ? Difficile de convaincre les professionnels de la fiscalité de parler et – quand ils acceptent – de le faire nommément. Certains ont refusé, d'autres ont exigé que leur identité ne soit pas mentionnée et que les informations écrites ne donnent pas d'indice sur leur parcours. Pourtant, les interlocuteurs qui ont témoigné se sont révélés passionnés par un travail à la fois technique, humain, sensible et exigeant. Alors pourquoi une telle réticence ? Sans doute parce que les professionnels craignent d'être jugés. Mais aussi et surtout parce que c'est un petit milieu, où tout le monde se connaît et où la discrétion est de mise. Leurs clients les paient pour leur expertise et la confidentialité de leurs échanges et ils entendent respecter ces engagements. Fidèles à l'image que l'on a d'eux, ils préfèrent l'ombre à la lumière, quitte à renforcer les clichés.** C.L.G

Pour aller plus loin

# Lanceurs d'alerte, quoi qu'il en coûte

Dès qu'ils ont compris que le système pour lequel ils travaillaient était perverti, dès qu'ils ont senti que leurs valeurs étaient bafouées, ils ont choisi de parler. Nicolas Forissier était auditeur de la banque UBS, Maxime Renahy, administrateur de fonds à Jersey et espion de la DGSE. Tous deux ont brisé l'omerta et affronté leur hiérarchie pour lever le voile sur les pratiques du monde de la finance. Comme Antoine Deltour et Raphaël Halet, à l'origine de l'affaire « Lux Leaks », ou Stéphanie Gibaud, ancienne responsable de l'événementiel d'UBS, ils sont devenus des lanceurs d'alerte… Et en ont payé le prix.

Nicolas Forissier a dû se battre sur tous les fronts : auprès de sa hiérarchie, bien sûr, mais aussi de certains de ses collègues et des autorités de tutelle. Licencié par son entreprise, il est attaqué en diffamation par cette dernière. UBS abandonnera finalement les poursuites, mais le lanceur d'alerte aura engagé des frais d'avocat, essuyé des lettres de menace.

Peu semble importer que Stéphanie Gibaud ait fait gagner 800 millions de dommages et intérêts versés par UBS à l'État français, elle vit désormais du RSA. Peu importe aussi que le Défenseur des droits l'ait officiellement reconnue comme lanceuse d'alerte en mars 2022. Les entreprises se méfient de celle qui a osé parler, elle ne retrouve pas d'emploi. Même chemin de croix pour Antoine Deltour et Raphaël Halet, ces anciens employés de PricewaterhouseCoopers, dont les révélations ont déclenché le scandale mondial des Lux Leaks. Poursuivis par leur ancien employeur pour « vol », « divulgation de secrets d'affaires », « violation du secret professionnel »,

Aurore Belot / AFP

**Après avoir écopé de peines de prison, en première instance et en appel, le lanceur d'alerte Antoine Deltour à l'origine des « Lux Leaks » a été relaxé par la Cour de cassation du Luxembourg.**

« blanchiment » et « fraude informatique » auprès de la justice luxembourgeoise, le premier a écopé de peines de prison en première instance et en appel avant d'être relaxé par la Cour de cassation, le second s'est vu infliger 1000 euros d'amende. La loi dite « Sapin II », du 9 décembre 2016, renforce la protection des lanceurs d'alerte, mais six ans plus tard, son bilan est plutôt décevant. Et les salariés qui souhaitent parler ont encore bien trop à perdre. **Catherine Le Gall**

# À lire, à voir, à écouter

**L'Ennemi intérieur**

de Nicolas Forissier et Raphaël Ruffier-Fossoul

*Éd. Fayard, 2022*

Témoignage saisissant d'un ancien auditeur de la banque UBS qui lance l'alerte sur les pratiques illicites de son employeur.

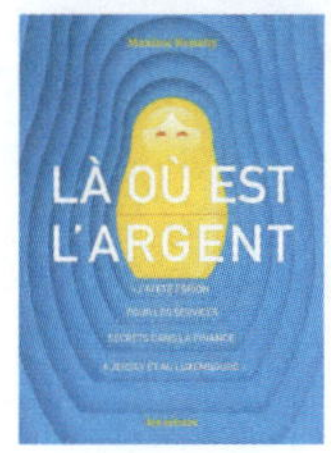


**Là où est l'argent**

de Maxime Renahy

*Éd. Les Arènes, 2019*

Double plongée inédite dans le monde de l'évasion fiscale aux îles Jersey et dans celui du renseignement français.

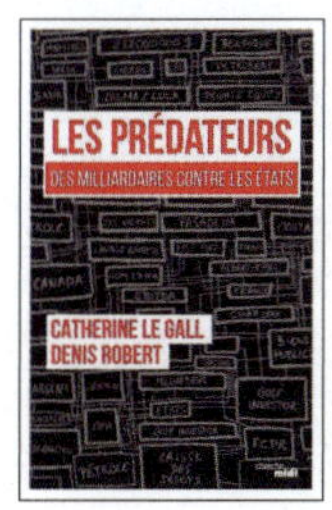


**Les Prédateurs, Des milliardaires contre les États**

de Catherine Le Gall et Denis Robert

*Éd. Le Cherche Midi, 2018*

Enquête sur deux milliardaires, Albert Frère et Paul Desmarais, qui ont fait fortune en pillant les États.

**La (Très) Grande Évasion fiscale**

de Yannick Kergoat et Denis Robert

*2022*

Un film documentaire qui explique avec humour et pédagogie les circuits de l'évasion fiscale.

etopia_

**Justice fiscale : lutter contre la fraude, déconstruire l'évasion fiscale**

*podcast à écouter sur Etopia, 2021*

Ce débat entre une juriste, des militants contre la fraude à l'impôt et des parlementaires européens interroge notre modèle fiscal et cherche des alternatives.

# Sea, tax & sun

Un récit photo de Paolo Woods
et Gabriele Galimberti

Les multinationales s'y réfugient, les grands criminels aussi. Portés par la mondialisation, les paradis fiscaux prospèrent... en toute discrétion. Du Panamá au Delaware, deux photographes sont partis pour un périple dans ces coins du monde où les taxes n'existent pas, avec un objectif : donner à voir l'invisible.

# Îles Vierges britanniques

Niché au cœur de la mer des Caraïbes, l'archipel est l'un des centres offshore les plus dynamiques du monde. Sur l'île de Tortola se trouve le ministère des Finances. Le bureau du secrétaire d'État y fait face aux eaux turquoise. Les conditions fiscales pratiquées par les îles Vierges britanniques leur ont permis d'accueillir, en toute légalité, un nombre record de domiciliations d'entreprises internationales.

L'archipel compte 30 423 habitants. Seule une poignée de locaux occupent un poste dans l'industrie financière, qui est pourtant le deuxième secteur économique du pays après le tourisme. La grande majorité des employés sont anglais ou suisses. Depuis 2013, des cours de finance sont dispensés dans l'enseignement secondaire afin de contrer ce phénomène.

# Îles Caïmans

Le propriétaire de l'attraction nautique, facturée 359 dollars la demi-heure, dont un employé fait ici une démonstration, ne s'y trompe pas : *« Le Jetpack, c'est la gravité zéro ; les îles Caïmans, c'est l'impôt zéro. On est au bon endroit ! »* En 2021, l'ONG Tax Justice Network classait ce territoire britannique d'outre-mer à la deuxième place de son index des paradis fiscaux.

Kandra Powery, 25 ans, habite avec ses trois enfants à une vingtaine de kilomètres des plages fréquentées par les touristes et les expatriés. Comme beaucoup de Caïmanais, elle travaille dans l'industrie du tourisme, où les rémunérations sont basses. Plus de la moitié de la main-d'œuvre de l'île est étrangère, et se répartit aux deux extrémités du spectre économique, occupant soit des emplois précaires dans le secteur des services à la personne, soit des emplois hautement qualifiés dans la finance.

À proximité de l'aéroport de George Town, ce mur de boîtes postales, relevées par un prestataire, est l'une des rares traces physiques attestant de l'existence des plus de 93 000 sociétés domiciliées aux îles Caïmans. L'archipel est le cinquième plus grand centre financier du monde.

# Singapour

C'est le « terrain de jeux préféré de l'Asie ». Au large de l'île de Sentosa, des pétroliers mouillent dans le détroit de Singapour. Les traders locaux aiment à raconter qu'il leur suffit de compter le nombre de bateaux pour connaître les fluctuations du marché.

Dans le port franc de Singapour, le coffre-fort de cette société suisse offre un abri aux biens les plus précieux : contrats, titres de propriété, œuvres d'art, bijoux, lingots d'or… Ultrasécurisés, les sous-sols du bâtiment ont été construits en forme de pyramide inversée, afin de supporter le poids des milliards de dollars de marchandises entreposées. Celles-ci ne sont soumises à aucune taxe. De nombreuses œuvres font l'objet de transactions et changent de propriétaires sans jamais sortir de leur lieu de stockage.

# Hongkong

La Bourse de Hongkong est l'une des places fortes financières d'Asie. Au niveau mondial, elle figure certaines années sur le podium des trois plus importantes au monde. Dans les salles de *trading,* les machines tournent en continu. Ouvrir une société domiciliée aux îles Vierges britanniques (BVI) y est tellement commun que cela se dit en un verbe *« to BVI ».*

# City de Londres

Cette entité au statut spécial, au cœur de la ville de Londres, est le seul territoire du Royaume-Uni où le Parlement n'a pas une autorité totale. Son représentant, ici l'ancienne lord-maire Fiona Woolf, en 2014, réside à la Mansion House, édifiée au XVIII$^{e}$ siècle. La City est le plus gros exportateur mondial de services financiers. On la considère souvent comme la « tour de contrôle » du système en raison de ses liens avec les anciens confettis de l'Empire britannique devenus paradis fiscaux.

# Panamá

Achevée en 2011, la tour « El Tornillo » est devenue le symbole du Panamá. Sa silhouette en forme de vis figure sur de nombreux objets publicitaires et touristiques. La plupart de ses étages sont vides, reflet de la bulle immobilière alimentée par le blanchiment d'argent de la drogue en provenance de Colombie et du Venezuela.

# Delaware

Situé à mi-chemin entre New York et Washington, cet État enregistre chaque jour trois cents nouvelles immatriculations de sociétés. À Wilmington, son cœur économique, les bureaux de l'administration sont ouverts jusqu'à minuit, du lundi au jeudi. Les bénéfices réalisés hors de ses frontières n'étant pas imposés, plus de la moitié des entreprises américaines cotées en Bourse y sont domiciliées.

# Jersey

Le tourisme et l'agriculture étaient les principales sources de revenus de cette île anglo-normande. Le secteur financier a aujourd'hui pris le relais avec plus de soixante-dix banques implantées sur ce territoire de huit kilomètres sur quinze. Le gouvernement propose aux particuliers gagnant au moins 725 000 livres sterling par an (825 000 euros) le statut de résident, synonyme de fiscalité avantageuse. Pour les acteurs de l'industrie financière, l'île est « une extension de la City de Londres ».

# Guernesey

L'argent abrité dans les juridictions offshore n'y transite jamais physiquement, tout passe par l'informatique. Cette autre île anglo-normande ne fait pas exception. Dans les locaux d'une société spécialisée dans l'hébergement de données, des armoires de serveurs ultrasécurisés sont alignées sur une surface grande comme un terrain de football. Ils hébergent, entre autres, les données d'une centaine de sites de paris en ligne implantés sur l'île voisine d'Aurigny, où les jeux d'argent ne sont pas taxés.

# Sous le soleil, l'oseille

*Il n'y avait rien à voir.* » Lorsqu'ils débarquent en 2012 aux îles Caïmans, première étape d'un périple qui s'étalera sur plus de deux ans, Paolo Woods et Gabriele Galimberti sont pourtant préparés. Ils ont écrit des e-mails – des centaines sur la totalité du projet –, la plupart restés sans réponse. Ils ont étudié les risques juridiques, défini leur dispositif. Ils travailleront à la chambre photographique, qui demande un temps de pause plus lent, pour inspirer sérieux et solennité à leurs interlocuteurs. Ils ont choisi les éléments de langage dont ils vont se servir : leur sujet sera la « finance offshore », une industrie qui contribue légalement à l'élévation du PIB des pays qui la pratiquent, et non les « paradis fiscaux », évocateurs de fraude et d'opacité. Et ils ont trouvé un sésame, l'appui d'un grand magazine américain de la finance qui fait autorité : *Fortune*. Et pourtant. *« On savait que le temps des commis voyageant avec des valises pleines de billets était révolu, mais on gardait l'espoir de pouvoir capter une scène digne d'un film de James Bond »*, raconte Paolo Woods. Au lieu de cela, des plages à perte de vue, de l'argent circulant sous forme de données numériques et des constructions sans âme. *« On s'est concentrés sur la charge métaphorique de ce qu'on voyait »*, explique le photographe.
Les deux reporters multiplient les rencontres, tissent des liens humains : journalistes, traders, jeunes milliardaires... À Singapour, on leur parle du trafic des navires pétroliers dans le port comme marqueur du cours de la Bourse.
Ils se postent sur la plage de Sentosa et guettent le moment idéal, multipliant les clichés jusqu'à cet instantané saisissant de jeunes volleyeuses, ballon et temps suspendus, alors que rien ne semble interrompre le ballet pécuniaire en arrière-plan.

Aux îles Caïmans, on refuse aux deux complices l'entrée de la Ugland House, petit bâtiment à la façade triste où sont alors immatriculées plus de dix-neuf mille sociétés. Par chance, Andreas Ugland, milliardaire norvégien naturalisé caïmanais en 1990, possède également un musée automobile sur cette île qui ne compte pourtant que 800 kilomètres de routes. Les photographes y repèrent un tableau : le propriétaire, entouré de sa famille et de ses possessions les plus chères. Au centre, l'immeuble, incarnation de l'évasion fiscale. Au bas du cadre, un écriteau : « Merci de ne pas toucher ». *« À force de chercher les symboles, ils finissent par nous sauter aux yeux,* explique Paolo Woods, jusqu'alors familier de la photographie de l'urgence, celle des zones de conflits. *La plupart de ces clichés sont ce que j'appelle des images "ping-pong". Leur compréhension n'est pas immédiate. On doit lire la légende puis y revenir. »*
En 2015, le projet est présenté aux Rencontres photographiques d'Arles. L'exposition est celle où les visiteurs passent le plus de temps. Devant chaque photo, des files de curieux penchés sur les panneaux explicatifs embouteillent les allées. L'invisible enfin devenu visible. **Fériel Naoura**

**Entretien**

Pendant près de vingt ans, il a été juge d'instruction spécialisé au pôle financier du tribunal de Paris. Désormais à la retraite, **Renaud Van Ruymbeke** continue de dénoncer l'inaction internationale contre les paradis fiscaux.

**Propos recueillis par Pierre-Antoine Souchard — Illustration Aline Bureau**

# « Les paradis fiscaux sont aussi des paradis judiciaires »

**Il y a vingt-sept ans, avec six autres magistrats, via l'appel de Genève, vous demandiez aux dirigeants européens d'œuvrer contre la corruption et les paradis fiscaux au sein de l'Union. Cela a-t-il fait bouger les lignes ?**

C'était un appel aux citoyens. À l'époque, en 1996, des affaires politico-financières éclataient en Europe : en Espagne, en France [notamment avec l'affaire Elf ou celle des frégates de Taïwan, ndlr] ou en Italie avec l'opération « Mani pulite » (« Mains propres »). Les magistrats chargés de l'instruction de ces dossiers constataient que des flux leur échappaient – ou du moins étaient difficiles à identifier – en raison de la complexité des montages qui passaient par des paradis fiscaux. Ces obstacles récurrents ne permettaient pas à la justice de s'exercer normalement. La seule place financière qui acceptait de coopérer sans réserve était Genève, car son procureur général, Bernard Bertossa, était engagé dans la lutte antiblanchiment. Aussi l'idée est-elle née, grâce au journaliste Denis Robert, d'organiser un appel à Genève. Bernard Bertossa et moi-même avons accepté car la dimension européenne de la démarche nous permettait de sortir de l'isolement. Deux magistrats italiens – dont Gherardo Colombo, qui jouait un rôle actif dans l'opération « Mani pulite » –, le juge espagnol Baltasar Garzón, le procureur anticorruption de Madrid et le procureur de Bruxelles se sont joints à nous. Cet appel a certainement contribué à la prise de conscience du rôle néfaste joué par les paradis fiscaux. Nous avons été invités l'année suivante à nous exprimer devant le Parlement européen. Depuis, des institutions ont été mises en place pour faciliter la coopération judiciaire entre juges et procureurs relevant d'États appartenant à l'Union : Eurojust, qui facilite les relations entre eux, et plus récemment le parquet européen. Néanmoins ces structures disposent de pouvoirs limités qui ne permettent pas de régler toutes les difficultés. Je pense notamment à Chypre et Malte qui restent des bastions peu accessibles.

**On peut donc dire que cet appel a eu un effet limité…**

Nous avons été entendus en Europe. L'Union avance cependant à petits pas et il ne faut pas compter sur certains membres, comme le Luxembourg, pour éradiquer les places financières opaques. Le problème que nous avons soulevé revêt, en outre, une dimension mondiale.

Au fur et à mesure que les pays européens ont adopté des standards en matière de lutte contre le blanchiment, d'autres places ont pris le relais, comme Singapour ou Hongkong.

**Les paradis fiscaux sont-ils trop souvent des paradis judiciaires ?**

Oui, bien sûr, les deux marchent de pair. Un paradis fiscal permet des escroqueries en tout genre, de la fraude fiscale à la corruption, mais profite aussi aux mafieux et aux trafiquants de drogue. Le secret bancaire est fort. Si les administrations fiscales lésées ont difficilement accès aux renseignements bancaires, c'est également le cas des procureurs et juges d'instruction enquêtant sur ces trafics. Aussi peut-on parler de « paradis judiciaires », ce qui, en termes de justice, est inacceptable.

**Comment se concrétise la difficulté de cette coopération judiciaire ?**

Lorsque vous formez une demande visant des comptes bancaires dans des paradis fiscaux aux îles Caraïbes ou en Asie, les canaux de transmission sont longs. Il faut adresser votre demande au ministère de la Justice qui la transmettra à son homologue local. Avec certains pays, il faut même passer par le ministère des Affaires étrangères ! Ces circuits prennent des mois, tant à l'aller qu'au retour. Entre-temps, les fraudeurs, qui vivent à l'heure d'Internet, peuvent transférer l'argent en quelques secondes dans d'autres paradis fiscaux.

**Au vu des révélations successives sur les dessous de la finance offshore, comment un tel système peut-il encore prospérer ?**

Le système continue de prospérer pour la simple raison qu'il est né dans la sphère occidentale et qu'il draine énormément d'argent. Pourquoi tuer la poule aux œufs d'or ? On peut citer notamment les pays anglo-saxons, champions de l'offshore : les îles Caïmans,

# « Nos hôpitaux et nos écoles ont des besoins croissants. Qu'attendent les États pour se réveiller et mettre la main sur ces trésors cachés ? »

les îles Vierges britanniques (BVI), Gibraltar, les îles Anglo-Normandes, l'île Maurice, Singapour et Hongkong [toutes deux anciennes colonies britanniques, ndlr], sans oublier l'État du Delaware aux États-Unis et le rôle important joué par la City, véritable forteresse située au cœur de Londres. L'Europe n'est pas en reste, avec le Liechtenstein, le Luxembourg, la Suisse… Mais aujourd'hui, c'est Dubaï qui est devenu l'épicentre du monde offshore.

**Pourquoi Dubaï a-t-il pris cette place ?**

Ce que j'ai pu observer jusqu'à mon départ à la retraite, c'est que l'émirat de Dubaï ne répondait pas aux demandes d'investigations bancaires qui lui sont adressées. Par ailleurs, du moins jusqu'à une période très récente, il assurait l'impunité aux trafiquants et escrocs dès lors qu'ils apportaient de l'argent. C'est un havre de paix pour les délinquants en col blanc !

**Depuis une dizaine d'années, la lutte contre les paradis fiscaux n'avance que trop peu. Considérez-vous que les responsables politiques soient timorés ?**

Il existe manifestement un défaut de volonté politique d'éradiquer le phénomène. Peut-être aussi de l'incompétence. Il est vrai que la question n'est pas simple à régler. Un État agissant de manière isolée ne peut rien faire. Seule une volonté politique internationale peut relever un tel défi. Et elle fait cruellement défaut chez les Anglo-Saxons, où les trusts et autres instruments de fraude fiscale sont tolérés et acceptés. J'ai par ailleurs le sentiment que les responsables politiques n'ont pas pris la mesure du problème. Dans notre monde libéral, ils ne remettent pas en cause la mondialisation, qui permet la prospérité. Ce n'est pas la mondialisation qui doit être condamnée, mais ses effets pervers qui doivent être ciblés et effacés.

**Quels seraient, selon vous, les outils à mettre en œuvre pour faire disparaître les paradis fiscaux et réguler la finance offshore ?**

Il faut mettre fin aux activités frauduleuses des cabinets de conseils et autres fiduciaires qui distribuent trusts et sociétés-écrans, mettent au point des montages opaques complexes permettant toutes les opérations de blanchiment et assurent l'impunité à leurs bénéficiaires. Ceux-ci peuvent ainsi recycler l'argent fraudé, puis le blanchir dans nos économies.

**Vous voudriez interdire l'activité des plus grands cabinets d'audit ?**

Non. Seulement celle des mauvais élèves qui se livrent à des pratiques d'optimisation fiscale, qui relèvent, selon moi, de la fraude organisée. Mais il faut modifier les règles du jeu et imposer la transparence fiscale. Est-il normal que des multinationales se soustraient à l'impôt et ne contribuent pas au financement des États ?

**Comment inciter les citoyens à s'impliquer dans la lutte contre les paradis fiscaux ?**

Tout simplement en leur faisant prendre conscience de l'ampleur de la fraude. Ce sont les citoyens qui sont lésés. Ils paient leurs impôts alors que les fraudeurs ne participent pas à l'effort commun. Cette situation est d'autant plus déplorable que nos écoles et nos hôpitaux ont des besoins croissants. Qu'attendent les États pour se réveiller et mettre la main sur ces trésors cachés ? Quand cessera cette hypocrisie ?

**Cela veut dire que les médias ne jouent pas leur rôle d'information sur ce sujet crucial ?**

Les médias sont présents. L'ICIJ (Consortium international des journalistes d'investigation) publie des données sur les « Panama Papers » ou les « Paradise Papers » et révèle des informations sur des comptes ouverts dans des paradis fiscaux. Démarche ô combien salutaire !

**Offshore**
**Dans les coulisses édifiantes des paradis fiscaux**
Renaud Van Ruymbeke
*Éd. Les Liens qui libèrent, 2022*

Douches au champagne, dérouleurs de papier toilette en or ou baignoires de marbre… Les yachts fascinent par un luxe aussi aveuglant qu'ostentatoire. Ils permettent aussi à leurs riches propriétaires de frauder le fisc à un discret rythme de croisière. **Par Coline Emmel — Illustrations Rica**

# Mille millions de luxe à bord

Dans une autre vie, Alex Finley travaillait au sein de la direction des opérations de la CIA en Afrique de l'Ouest et en Europe. Aujourd'hui, elle partage son temps entre l'écriture de romans d'espionnage et la traque bénévole en ligne, depuis son compte Twitter, des yachts d'oligarques russes tentant d'échapper aux sanctions. Alex Finley est une mine d'or d'anecdotes sur le sujet – toujours racontées de manière joviale –, ce qui lui a valu un surnom dans les médias : « la guetteuse de yachts ». « *J'ai commencé à m'intéresser à ces bateaux en effectuant des recherches pour mon troisième livre, qui s'inspirait de mes années de recherche sur les opérations d'influence russes. Dans cet ouvrage, un des personnages est un oligarque qui possède un yacht*, m'explique-t-elle. *Je vis à Barcelone et je connaissais bien les superyachts qui mouillent au port Vell, qui a d'ailleurs été réaménagé spécialement pour eux. J'ai fait une blague sur Twitter en disant que je voulais être là quand les autorités saisiraient le "Solaris" de Roman Abramovitch. Quelques jours plus tard, il était parti pour la Turquie !* »

Dans la panique qui a suivi la mise en place des sanctions à la suite de l'invasion de l'Ukraine par la Russie, plusieurs yachts ont en effet déserté leurs lieux de villégiature habituels sur la Côte d'Azur ou en Italie pour se diriger vers des destinations réputées pour leur législation plus favorable, où ils ne risquaient pas une saisie par les autorités judiciaires. Alex Finley raconte en riant que certains d'entre eux ont tenté de mettre le cap vers le port de Vladivostok, à l'Extrême-Orient russe, avant de renoncer, les conditions climatiques n'étant pas adaptées à leurs bateaux construits pour croiser dans les eaux chaudes des Caraïbes ou de la Méditerranée. « *Les oligarques ne veulent pas vivre en Russie ! On ne peut pas y dire librement ce que l'on pense, la nourriture n'est pas si bonne, leurs épouses et aussi leurs maîtresses vivent à l'Ouest. Les oligarques construisent spécifiquement des yachts pour voyager dans des démocraties et des sociétés où il fait bon vivre.* » Bien qu'elle aborde le sujet sous un angle humoristique, Alex Finley s'intéresse aux yachts des oligarques pour des raisons plus sérieuses. Elle ne trouve pas normal que ces derniers « *aient pu s'enrichir grâce à la corruption en Russie […]. Ils contribuent à aider Poutine dans ses activités de déstabilisation de nos démocraties et viennent ensuite utiliser notre système, démocratique et ouvert, à leur avantage. Les yachts sont un symbole de tout cela* », complète-t-elle.

L'ancienne agente de la CIA suit leurs déplacements via les données du site MarineTraffic, qui se base sur les émissions AIS. Ce système de sécurité, qui transmet par ondes radio la position, le cap et l'identification des gros navires aux bateaux croisant à proximité, est obligatoire dans les eaux internationales. Comme elle, j'ai passé des soirées entières à suivre le quotidien de ces yachts russes sous le hashtag #yachtwatch. J'ai ainsi découvert que le *Scheherazade* – navire de 140 mètres de long, saisi en mai 2022, en Toscane, car soupçonné d'appartenir à Vladimir Poutine – disposait, parmi ses 700 millions de dollars de luxe absolu, de porte-rouleaux pour papier toilette en or et d'une piste de danse qui pouvait se transformer en piscine.

**Faire des recherches sur les yachts, c'est naviguer dans l'attraction-répulsion pour la surconsommation ostentatoire des ultrariches.** L'entreprise allemande Dornbracht fournit des « *douches à effet pluie* » qui procurent « *la même sensation qu'une averse naturelle* » et consomment 40 litres d'eau douce par minute. Auprès du célèbre magazine allemand *Der Spiegel*, cette entreprise confiait qu'un client lui avait commandé une douche RainSky qui puisse faire jaillir, à la demande, de l'eau ou du champagne. « *La seule question qui n'a pas encore été résolue est de savoir si le champagne doit sortir chaud ou bien froid* », concluait l'hebdomadaire.

Les exposants du salon du yacht de Monaco, l'événement le plus important du calendrier de la navigation de plaisance de luxe, ont bien compris qu'il ne s'agit plus de vendre uniquement des navires, mais le mode de vie qui va avec. En déambulant dans les allées de stands dressés le long du port Hercule en cette fin d'été, on croise des hélicoptères, des sous-marins privés, de gros toboggans gonflables qui permettent de plonger directement depuis le pont supérieur. J'apprends que les superyachts ne sont pas assez gros pour tous ces joujoux et que tout super-riche qui se respecte se doit d'acheter des « annexes » : c'est-à-dire un ou plusieurs bateaux « de soutien », qui transporte tout un tas d'objets liés aux loisirs aquatiques – un peu comme un grenier flottant. Alors que je musarde devant le *Lady Charlotte*, 42 mètres de long et proposé à la vente pour 17,5 millions d'euros, un acheteur passe devant moi et le désigne d'un coup de menton dédaigneux : « *Ça fait cheap, ça.* »

Une blague circule dans le milieu : avoir un yacht, c'est comme creuser un trou dans la mer et jeter son pognon dedans. Les yachts sont de très mauvais investissements financiers. Plus ils sont grands, plus le gouffre s'élargit : chaque mètre de pont supplémentaire occasionne des coûts annuels d'entretien exponentiels. Il faut compter environ 10 % du prix de construction d'un yacht pour le maintenir en état chaque année.

**Avoir un yacht, c'est comme creuser un trou dans la mer et jeter son pognon dedans. Les yachts sont de très mauvais investissements financiers. Et plus ils sont grands, plus le gouffre s'élargit.**

La tendance est pourtant à la construction de vaisseaux de plus en plus grands. On parle de superyachts quand les bateaux font plus de 30 mètres. Il en existe actuellement cinq mille cinq cents dans le monde ; un tiers de cette flotte a été construit au cours des dix dernières années. Les mégayachts mesurent quant à eux plus de 60 mètres de long ; les gigayachts, plus de 90 mètres (il en existe actuellement une centaine dans le monde mais selon le *Global Order Book*, la référence du secteur, une vingtaine seraient actuellement en construction – encore un record). Les prix, comme on peut s'en douter, s'élèvent à plusieurs centaines de millions de dollars.

Les Américains arrivent en tête des propriétaires de superyachts. Ils détiennent près d'un quart de la flotte mondiale et leur fièvre acheteuse a été dopée par le mandat de Donald Trump. Ils sont suivis par les Russes. La guerre en Ukraine et les sanctions visant cette clientèle ont d'ailleurs beaucoup inquiété l'industrie. Toutefois, explique le média spécialisé *SuperYacht Times*, d'autres acheteurs fortunés pourraient bientôt les remplacer. Les sanctions contre Moscou ont fait s'envoler les prix du pétrole et du gaz, enrichissant une clientèle basée au Moyen-Orient, particulièrement friande de méga- et de gigayachts. Mais pourquoi les super-riches – dont les effectifs sont en augmentation, le nombre de milliardaires dans le monde ayant plus que quadruplé depuis 2000 – aiment-ils posséder des yachts ?

**Première explication, psychologisante à souhait : les yachts seraient des pénis flottants,** symboles de succès destinés à impressionner les autres dans une compétition machiste. L'homme d'affaires grec Aristote Onassis, grand séducteur et propriétaire du *Christina O.* – qui était, dans les années 1960, le yacht le plus luxueux de son époque – aurait eu pour coutume de dire à ses invitées : « *Madame, vous êtes assise sur le pénis le plus large du monde.* »

Une autre explication est liée à la structuration même du patrimoine des ultrariches. Ce que Gabriel Zucman appelle la « *financiarisation du capitalisme* » : plus grande est la fortune, plus elle a tendance à être cachée dans des places offshore sous la forme d'actifs financiers immatériels. Cependant, ces dix dernières années, sous la pression internationale, les paradis fiscaux, qui avaient pour habitude de rester muets sur les richesses qu'ils abritent, ont commencé à échanger plus d'informations avec les pays de l'OCDE. Pour l'économiste et d'autres chercheurs et chercheuses, cacher sa richesse à l'étranger sous la forme de comptes en banque ou de portefeuilles d'actions serait donc devenu plus risqué : « *La nature du patrimoine détenu à l'étranger [par les plus riches, ndlr] a pu évoluer, s'éloignant des actifs financiers – couverts par l'échange automatique d'informations bancaires – pour se diriger vers des actifs réels, tels que les biens immobiliers, les œuvres d'art, les yachts, les avions privés, etc. – non couverts par l'échange automatique d'informations bancaires.* » C'est ce qui fait dire à Grégory Salle, chercheur en sciences sociales au CNRS et auteur d'un des seuls livres traitant exclusivement du sujet, *Superyachts, Luxe, calme et écocide*, que, paradoxalement, ces bateaux « *rematérialisent cette richesse qui avait tendance à être invisibilisée* ».

C'est tout le paradoxe. Les yachts sont énormes et ostentatoires mais, si on ne voit qu'eux dans un port, leurs propriétaires recherchent souvent l'anonymat. Ces navires procurent un entre-soi et une intimité qui garantissent des échanges discrets. Une bonne affaire conclue à bord peut rapporter plus d'argent sur le long terme que le prix total du bateau.

La quête d'anonymat obéit également à d'autres logiques. Les superyachts ont tous en commun de ne pas être enregistrés au nom de leur véritable propriétaire. Plusieurs astuces existent pour assurer l'anonymat : immatriculer le navire au nom d'une société, utiliser des actions au porteur, des trusts, des fondations, recourir à des intermédiaires – tels que des actionnaires ou des administrateurs de paille – puis empiler ces structures de propriété complexes les unes sur les autres et en enregistrer chaque partie dans une juridiction offshore différente, pour brouiller les pistes face à d'éventuels enquêteurs.

Le meilleur exemple est celui de l'*Enigma XK*, soupçonné d'appartenir secrètement à Joseph Kabila par le biais de deux hommes d'affaires proches, Alain Wan et Marc Piedbœuf. Dans le cadre de son enquête « Congo hold-up », *Mediapart* s'est intéressé à ce bateau (qui porte bien son nom) et a tenté de remonter la trace de l'ancien président congolais dans une myriade de sociétés offshore et de paradis fiscaux non coopératifs. Plusieurs indices pointent vers Joseph Kabila, comme un virement de près de 800 000 dollars qui a servi à financer en partie la rénovation du yacht en 2013. Ce montant provenait, selon le site d'information, de « *fonds détournés des caisses de l'État de la RDC* » et avait transité par « *une mystérieuse société congolaise nommée Port de Fisher, dont Joseph Kabila est devenu l'actionnaire majoritaire deux ans plus tard* ».

Pour l'ONG Tax Justice Network, cette opacification des droits de propriété, qui permet aux plus riches d'avoir la jouissance de leurs actifs de luxe sans que cela soit porté à la connaissance de leurs éventuels « *créanciers, des autorités fiscales, des forces de l'ordre ou de l'examen public* », aggrave les inégalités et sape la démocratie. L'association milite au niveau européen pour que les modalités de propriété de ces biens de luxe fassent l'objet d'une transparence accrue. En effet, actuellement, les régulations antiblanchiment imposent aux pays membres de l'UE de mettre en œuvre des « registres de bénéficiaires effectifs ». Ces registres obligent les entreprises à indiquer qui sont leurs propriétaires. Mais les yachts ou les biens immobiliers ne sont pas encore concernés par cette mesure. Un tel changement législatif, s'il venait à être mis en place, pourrait être très utile aux services d'enquête.

Le yachting est considéré – aux côtés des ventes d'œuvres d'art et d'antiquités ou de l'immobilier haut de gamme – comme un secteur particulièrement exposé aux risques de blanchiment.

**Ces navires procurent à leurs propriétaires un entre-soi et une intimité qui garantissent des échanges discrets. Une bonne affaire conclue à bord peut rapporter plus d'argent sur le long terme que le prix total du bateau.**

## Selon une estimation rapportée par le quotidien britannique *The Guardian*, les dépenses annuelles des superyachts du monde entier pourraient effacer les dettes de tous les pays en développement.

Ces produits de luxe partagent une même caractéristique : leur valeur peut facilement être gonflée, ce qui fait d'eux des cibles parfaites pour intégrer de l'argent sale dans l'économie « légale ». Dans le cas des yachts, cette vulnérabilité aux tentatives de blanchiment est particulièrement accrue par le fait qu'une forte proportion d'acheteurs appartient à la catégorie dite des personnes politiquement exposées (PPE).

En 2011, Teodorin Obiang, le fils du président de la Guinée équatoriale, a tenté de faire fabriquer en Allemagne un yacht d'une valeur de 380 millions de dollars. Le projet, initialement tenu secret, avait pour nom de code « Zen ». L'association Global Witness, qui a révélé son existence, indique que Teodorin Obiang gagnait à l'époque, en tant que ministre de l'Agriculture et des Forêts, l'équivalent de 7 000 dollars par mois. Il lui aurait donc fallu quatre mille six cents ans pour se payer ce yacht avec son salaire officiel. Si ce projet de construction a été interrompu par les autorités allemandes pour soupçons de blanchiment, cela n'a pas freiné la fièvre acheteuse du fils Obiang. Ce dernier a par la suite pu acquérir l'*Ice* – 90 mètres de long et cinq baignoires de marbre si lourdes que le navire a dû être bâti autour d'elles – et l'*Ebony Shine* (76 mètres). Leur valeur combinée représentait alors dix-sept fois le budget de la santé publique du pays, dans un État où à l'époque un enfant sur dix mourait avant l'âge de 5 ans et où l'espérance de vie n'atteignait pas 60 ans. Selon une estimation rapportée par le très sérieux quotidien britannique *The Guardian*, les dépenses annuelles combinées des superyachts du monde entier pourraient effacer toutes les dettes des pays en développement.

Quand ils ne servent pas à blanchir de l'argent mal acquis, les yachts sont également le cadeau idéal pour qui souhaite corrompre son prochain. Pour la procureure fédérale canadienne Anne-Marie Manoukian, le *Hokulani* était « *le symbole de la démesure des pots-de-vin versés à Saadi Kadhafi* », le fils de l'ancien dictateur libyen. La multinationale SNC-Lavalin lui avait offert ce cadeau flottant à 25 millions pour obtenir un contrat de 1 milliard de dollars sans appel d'offres en Libye. Les coûts payés par l'entreprise avaient explosé à cause d'une coque « imitation or massif » : en cas d'accrochage, impossible de se contenter d'une retouche, elle devait être repeinte au complet. Cerise sur le gâteau : le fils Kadhafi s'était lassé de son yacht peu après en avoir pris possession et avait demandé un bateau plus grand.

**Autre paradoxe de ces produits de luxe tapageurs : ils sont aussi de parfaits lieux de camouflage.** Le *Flying Fox*, un mastodonte marin de 136 mètres, propriété de l'homme d'affaires russe Dmitry Kamenshchik, est soupçonné par la justice américaine d'avoir abrité un trafic d'armes. Le *Mystere* appartenait à feu le promoteur immobilier Tamir Sapir. À bord de cette arche de Noé macabre, la police a découvert des restes illégaux d'espèces menacées : des tabourets de bar recouverts de peaux de python et d'anaconda, un lit d'enfant doublé de peau de zèbre ou une boîte à cigares enveloppée de peau d'éléphant. Selon l'ONG journalistique Insight Crime, les yachts contribueraient également de manière accrue au commerce transatlantique de la cocaïne. C'est aussi à bord de son yacht que le banquier espagnol Jaime Botín a tenté de faire sortir discrètement de la péninsule ibérique le tableau *Buste de jeune femme* de Pablo Picasso. Bien que légitime propriétaire, le collectionneur a été arrêté par les douanes, le « trésor national » ayant l'interdiction formelle du ministère de la Culture de quitter le pays. L'un des choix les plus importants qui se présentent aux futurs propriétaires de yacht est celui du pavillon, comme le remarque le chercheur Grégory Salle : « *Les drapeaux sont l'une des seules choses que l'on voit à l'extérieur d'un yacht. Ce sont* *toujours des drapeaux de places offshore.* » Les îles Cook, Caïmans, les Bermudes, Gibraltar, les Bahamas... les pavillons qui offrent des conditions préférentielles en matière de droit fiscal sont souvent apparentés à l'ex-Empire britannique. Comme Malte : une brochure intitulée « Comment se rendre invisible à l'inspecteur des impôts ? » publiée sur le site nomoretax.eu, tenu par un avocat fiscaliste, conseille le plus petit État européen comme destination pour immatriculer son yacht. Le procédé dit du « leasing maltais » permet en effet de bénéficier d'un taux de TVA défiant toute concurrence. L'astuce ? Acheter son bateau via une société de location maltaise, créée spécialement pour l'occasion.

Illustration maritime de l'inégalité face à l'impôt, les yachts offrent aux plus riches une mobilité internationale leur permettant de s'affranchir des impôts locaux. Cette disparité découle de choix politiques. Exemple criant : en 2018, Emmanuel Macron décidait de ne pas faire entrer les yachts dans l'impôt sur la fortune immobilière (IFI) au moment de la suppression de l'impôt sur la fortune (ISF). Ils y étaient pourtant assujettis auparavant. « *Cette réforme a symbolisé le cadeau fiscal fait aux plus riches*, analyse Grégory Salle. *Cette illustration de l'injustice de la politique fiscale était tellement grosse qu'il s'agissait presque d'une provocation.* » Face au tollé qui avait suivi cette décision, le gouvernement avait annoncé mettre en place une taxe additionnelle « spécial yacht ». Pour l'avocat spécialiste de la grande plaisance Jean-Philippe Maslin, cette taxe qui « *ne s'applique qu'aux navires privés de plus de 30 mètres, dont les usagers sont résidents fiscaux français, c'est-à-dire très peu de cas [...], c'est de la démagogie de députés* ». De fait, pour l'année 2019, la taxe n'a rapporté que 288 000 euros au lieu des 10 millions d'euros escomptés.

**Sur les yachts, le droit du travail est peu ou pas respecté avec, à la clé, énormément de burn out et de turnover. À cela s'ajoute, pour les femmes, souvent à des postes d'hôtesses, un harcèlement sexuel endémique.**

**Outre l'optimisation fiscale, le choix de ces pavillons de complaisance permet aussi « d'optimiser » le droit du travail.** Car sur un superyacht de taille moyenne – mettons 55 mètres –, l'équipage peut être composé de douze à vingt personnes, en fonction du nombre d'invités à bord. Sur le papier, elles ont des boulots de rêve. Argent facile, croisières dans des eaux paradisiaques, fêtes : sur TikTok, de jeunes employés de ces yachts mettent en scène leur quotidien. « *C'est un secteur très "rewarding"* », explique Christophe Bourillon, patron de la Professional Yachting Association (PYA), un organisme qui fournit certifications et conseils aux équipages de bateaux de grande plaisance. Avec ses lunettes teintées et son franglais parfait, il fait office de communicant informel pour le secteur. « *Après une simple formation de cinq jours, un "deckhand"* [un matelot de pont, ndlr] *peut toucher 3 000 euros par mois en étant nourri, logé et blanchi.* » Tout en haut de l'échelle des salaires, les capitaines des géants des mers peuvent gagner plus de 18 000 euros par mois. Ces salaires s'accompagnent de bonus, d'avantages en nature, comme des cadeaux de luxe.

La sociologue du travail Alizée Delpierre, spécialisée dans la domesticité et les classes sociales, évoque une « *exploitation dorée* ». Souvent, les personnes qui travaillent pour les plus riches sont « *attirées par cet univers luxueux et nourrissent des espoirs d'ascension sociale* ». Sauf « *qu'on ne gagne pas ces salaires à n'importe quel prix* ». Sur les yachts, le droit du travail est peu ou pas respecté avec, à la clé, énormément de burn out et de turnover. À cela s'ajoute, pour les femmes, qui occupent souvent des postes d'hôtesses, un harcèlement sexuel endémique.

Les acteurs du secteur tentent maladroitement de justifier cet état de fait par la promiscuité régnant sur les bateaux, qui générerait une tension sexuelle prétendument inévitable. Harcèlement mis à part, l'architecture, au sein des yachts, n'est pas pensée pour la présence de l'équipage : manque d'espace pour ranger leurs affaires personnelles,

**« Le propriétaire dépense des millions pour acheter un yacht et ses “jouets” mais il rechigne à “investir” dans l'équipage. Il considère que ses voyages sont pour nous des vacances payées plutôt qu'un travail. »**

DES EMPLOYÉS DE YACHTS

lits trop petits, cabines partagées situées sous le niveau de l'eau, espaces confinés. « *Dans de nombreux yachts*, souligne Christophe Bourillon, *il y a des couloirs pour les employés qui se doivent d'être discrets. [...] C'est un monde en soi. Tu ne rentres pas chez toi le soir. C'est une communauté.* »

Une sorte de grande famille dont tous les membres ne sont pas égaux. Ceux de l'équipage, travaillant sous contrat de pavillons étrangers où les cotisations sociales sont minimales, ne bénéficient souvent pas d'une protection sociale satisfaisante, notamment en matière de droits au chômage ou à la retraite.

Dans une étude conduite en 2018 par l'International Seafarers Welfare and Assistance Network (Iswan), une ONG qui défend les marins, plusieurs employés de yachts témoignaient, amers, d'un manque de reconnaissance : « *Le propriétaire dépense des millions pour acheter un yacht et ses "jouets" mais il rechigne à "investir" dans l'équipage* » ; « *notre propriétaire [...] considère que ses voyages sont pour nous des vacances payées plutôt qu'un travail exigeant* ». Mais l'avocat Jean-Philippe Maslin, défenseur de plusieurs armateurs, se fait la voix des propriétaires : « *Ils se disent : mon marin, je le paie 10 000 euros par mois, il ne faut pas venir m'embêter.* »

Le chercheur Grégory Salle remarque que, de plus en plus, « *comme pour les jets privés, les yachts, par leur charge symbolique, peuvent devenir un support pour une mobilisation politique* ». Il arrive même qu'un intérêt pour les yachts débouche sur un engagement local. C'est ce qui est arrivé à Laura Seguin. En 2017, en lisant le journal, cette jeune Sétoise apprend que le port de sa ville s'apprête à accueillir un projet de marina de luxe pour mégayachts. L'entreprise de construction américano-émiratie Island Global Yachting (IGY) cherchait un nouveau port d'accueil sur la Côte d'Azur pour les yachts qui rejoignent la Méditerranée à la fin de la saison caribéenne. Mais avec la tendance aux yachts toujours plus gros, trouver des sites adaptés devient moins facile. « *L'entrée du port de Sète est en hautes eaux. C'est pratique pour les yachts*, relate Laura Seguin. *À l'origine, le projet prévoyait de construire la marina sur le quai d'Alger, au cœur de la ville. C'est un quai d'accueil : quand des bateaux arrivent sans prévenir, ils peuvent s'amarrer là. C'est aussi un quai avec des péniches, des bateaux de secours. Et surtout c'est un quai public, accessible aux habitants, au cœur d'un quartier encore mixte au niveau social. Avec ce projet, il aurait été fermé, privatisé.* » Outre la privatisation de l'espace public, Laura Seguin s'inquiète des conséquences sociales d'un « *processus de gentrification* », avec notamment une hausse des prix de l'immobilier local, comme cela s'est produit dans de nombreuses villes ayant accueilli des marinas pour yachts de luxe. « *Ce projet m'a choquée parce que Sète se gentrifie mais reste une ville populaire. Une grande partie de la population vit sous le seuil de pauvreté.* » Alors, avec son conjoint et le parti communiste local, la Sétoise met sur pied un collectif citoyen pour s'opposer au projet. En face, les défenseurs de la marina – la Région Occitanie et, ironiquement, le président du port de l'époque, Jean-Claude Gayssot, ancien ministre des Transports (communiste) du gouvernement Jospin – mettent en avant de potentiellement juteuses retombées économiques pour Sète.

C'est un argument qui est souvent avancé par les défenseurs de l'industrie du yachting : le ruissellement de richesses sur la Côte d'Azur. D'abord via les chantiers de construction ou les *shipyards* – le plus connu, en France, se trouve à La Ciotat – car les yachts doivent y subir des entretiens de routine très réguliers. Mais aussi via la consommation des ultrariches, qui bénéficierait aux commerces locaux. Jean-Louis Masson, président du conseil départemental du Var et ancien député Les Républicains, estimait en 2018 dans une intervention à l'Assemblée nationale qu'*« un yacht de 50 mètres entraîne un ruissellement de quelque 30 000 euros par jour en moyenne dans l'économie locale »*. *« La Côte d'Azur n'aurait pas la même gueule sans le yachting »*, résume Christophe Bourillon. Lunettes fumées bien calées, le patron de la PYA, l'association de conseils aux plaisanciers de luxe, reconnaît cependant qu'aucune étude fiable n'a pour l'instant chiffré précisément cet impact économique présumé. À Sète, Laura Seguin ne voit pas comment le projet de marina aurait pu créer des emplois. *« C'est un garage à mégayachts. Ils viennent profiter d'anneaux pas chers par rapport aux autres ports méditerranéens. Sète, ce n'est pas Saint-Tropez : les yachts viennent juste faire leur hivernage. Ça n'apporte rien à la ville au niveau économique. »*

À force de mobilisation locale, le projet, sous sa forme initiale, a fini par être abandonné. Les mots d'un représentant de l'entreprise de construction ont été la goutte d'eau qui a fait déborder le vase. Laura Seguin se souvient d'une réunion publique très houleuse. *« La salle était pleine, des personnes n'avaient pas pu entrer. L'intervention du mec d'IGY Marina était surréaliste, une caricature. Il nous a pris pour des autochtones. Il nous vendait des aides à la population locale, du mécénat, des constructions d'écoles, de la philanthropie. C'était violent comme discours. Les gens se sont sentis pris pour des imbéciles, méprisés. »* Pour finir, les yachts sont bien venus s'installer à Sète, mais dans une autre partie du port, loin du centre-ville.

**Depuis 2022, le milliardaire Bernard Arnault cristallise beaucoup d'émotions.** Inspiré par le travail des comptes Instagram et Twitter @laviondebernard, qui relataient les déplacements du jet privé de l'homme d'affaires en temps réel et le bilan carbone associé, le compte @YachtCO2tracker s'est mis à pister le mégayacht de la plus grande fortune de France. Au cours du mois de septembre 2022, le hashtag pisteur a suivi les vacances du *Symphony* : Monaco, Dubrovnik, Venise, Barcelone, Nice. Résultat : 1 250 tonnes de $CO_2$ produites sur un mois pour 470 000 litres de carburant consommés. Dans le billet d'un blog hébergé par *Mediapart*, le collectif Yacht CO2 Tracker enrage. *« Avec le diesel à 2,15 euros à la pompe au port de Nice, on parle de la modique somme de 1 million d'euros de budget carburant, de quinze camions-citernes. [...] sept mille cinq cents fois plus que le budget $CO_2$ moyen d'un Français pendant le mois de septembre, [...] c'est autant que ce qui serait économisé par 27 000 foyers français qui baisseraient la température de leur appartement pendant un an. »*

**Un superyacht émet environ 7 020 tonnes de $CO_2$ par an. Un chiffre à mettre en perspective avec cette autre statistique : un Français consomme en moyenne une dizaine de tonnes de $CO_2$ chaque année.**

Dans une étude parue en 2021 sur l'empreinte carbone des milliardaires, les chercheurs Richard Wilk et Beatriz Barros estiment qu'un superyacht émet environ 7 020 tonnes de $CO_2$ par an. Un chiffre à mettre en perspective avec cette autre statistique : un Français consomme en moyenne une dizaine de tonnes de $CO_2$ chaque année. Et l'objectif fixé par les accords de Paris, afin de tenter de contenir le réchauffement climatique, est d'arriver à 2 tonnes de $CO_2$ par personne et par an avant 2050.

Les critiques de plus en plus virulentes au sujet de l'impact écologique des yachts inquiètent le secteur, qui cherche à verdir son image aux yeux du public. Au dernier salon du yacht de Monaco, le maître mot était « *sustainability* » (« durabilité »), avec la création d'un espace dédié aux initiatives écologiques. Sur l'un des stands, Boris* m'explique qu'il travaille sur un index visant à évaluer l'impact écologique des yachts, dans le cadre d'un projet de fin d'études. Selon lui, mesurer les émissions de $CO_2$ uniquement quand les moteurs tournent

* Il s'agit d'un prénom d'emprunt.

est réducteur si l'on souhaite faire des études d'impact. « *Les yachts ne naviguent que 10 % du temps. La pollution liée à leur navigation n'est donc pas le cœur du problème. Tout comme les consommations liées aux "usages" des propriétaires ou du "crew", tels que la piscine ou le sauna. Le gros des émissions provient des éclairages et de la climatisation, qui doit rester allumée en permanence, même quand le bateau est à quai, pour préserver les bois et les matériaux précieux qui composent le bateau, et parfois les œuvres d'art qui se trouvent à bord.* »

**Il est vrai que les yachts naviguent peu, en comparaison d'autres bateaux : en moyenne seulement un mois par an.** Ce qui ne signifie pas que leur impact écologique est moindre, au contraire. Au hasard de mes recherches, je tombe sur le post énervé d'un utilisateur anonyme sur Twitter : « *Alors... Vous le saviez sûrement déjà, mais moi je VIENS d'apprendre que (évidemment) quand un riche trou de balle passe l'été sur son yacht à Monaco et qu'il veut passer l'hiver à Saint-Barth, il traverse pas l'océan en yacht, non, il le fait transporter. Genre les mecs ont des BATEAUX et ils veulent pas les abîmer alors ils les mettent sur des PLUS GROS BATEAUX plus polluants encore pour leur faire... traverser l'Atlantique. Pourquoi ? Parce que les yachts sont des bateaux de merde.* »

**« Quand un riche trou de balle passe l'été sur son yacht à Monaco et qu'il veut passer l'hiver à Saint-Barth, il traverse pas l'océan en yacht, non, il le fait transporter. Pourquoi ? Parce que les yachts sont des bateaux de merde. »**

UN UTILISATEUR ANONYME DE TWITTER

Après vérification, c'est vrai. Sevenstar Yacht Transport, qui a des agences à La Rochelle, Concarneau et Monaco, offre ses services aux propriétaires de yachts qui souhaitent se faire livrer leur bateau neuf ou « *déménager [leur] yacht pour découvrir une nouvelle destination de croisière* ».

Avant de diriger la PYA, Christophe Bourillon a travaillé comme communicant pour la World Coal Association (l'Institut mondial du charbon), la World Nuclear Association (l'association nucléaire mondiale), une entreprise de biocarburants et la World Federation of Science Journalists (il juge d'ailleurs que les journalistes scientifiques sont trop « *radicaux* » dans leur approche du dérèglement climatique). L'argument de la suppression pure et simple des yachts l'énerve. « *Radical, idéaliste et naïf* », balaie-t-il. « *On devrait avoir juste deux t-shirts chacun, ne plus prendre l'avion ?* » Il ne voit d'ailleurs pas « *comment il serait possible de faire du greenwashing dans le secteur des yachts* ». Et compare cette industrie avec celle de la Formule 1, dont les « *innovations utiles* » ont ensuite infusé dans toute l'industrie automobile. Selon lui, les actions des plus jeunes propriétaires de yachts – de riches millenials – pourraient sauver le secteur de la vindicte populaire. « *À l'origine, les propriétaires de yachts étaient des Américains qui avaient fait fortune dans le pétrole, ou des magnats de la presse. Puis sont arrivées les fortunes des pétrodollars du Moyen-Orient. Puis les Chinois. Et enfin, les Russes. Les anciens voulaient des palaces flottants. Aujourd'hui, ce sont de plus en plus des gens qui ont fait fortune dans les start-up, il y a plus de femmes... Ils veulent des yachts d'exploration, des yachts à hydrogène, des yachts qui peuvent faire de l'assistance humanitaire en mer ou cartographier les fonds marins pour la recherche.* »

Boris, l'étudiant rencontré au salon du yachting à Monaco, a longtemps été fasciné par cet univers. « *Mais cette industrie entre en conflit avec mes valeurs,* soupire-t-il devant son stand. *Je suis sensible à la question des inégalités. Comment accepter que les 1 % des plus riches possèdent plus que les 99 % restants ?* » Grégory Salle, lui, se méfie du caractère « *aveuglant* » des superyachts, immenses symboles flottants des inégalités. « *Du coup, les grandes fortunes qui n'ont pas de yachts, on y fait moins attention ?* » Des technomillionaires comme Elon Musk ou Jeff Bezos se tournent désormais vers la conquête spatiale et un nouveau terrain de jeu, analyse le chercheur. « *Les superyachts sont dépassés.* » Et si le vrai luxe, c'était l'espace ? XXI

**En chiffres**

# Il était un très gros navire

On parle de superyachts au-delà de **30 mètres de longueur**

Plus de la moitié des yachts du monde mesurent entre **20 et 30 mètres**

**Nombre de superyachts en construction (ou commandés), de 2007 à 2021**

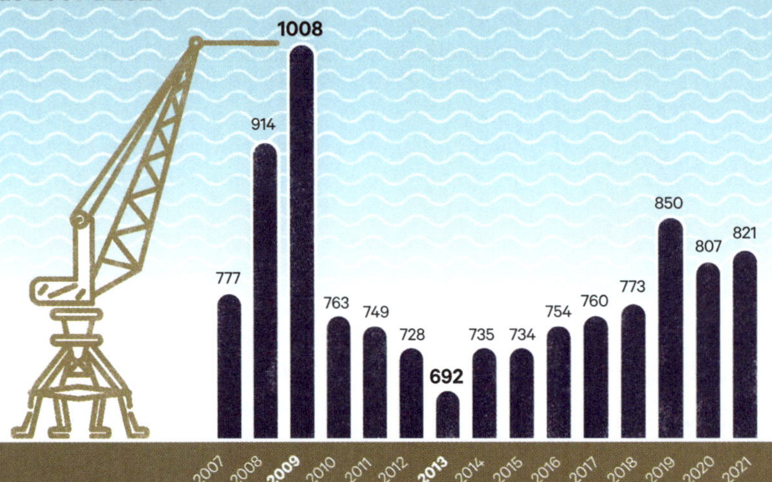


Après une année record en **2009**, l'industrie de la construction de yachts a souffert de la crise financière mondiale et de la récession qui a suivi. En **2013**, le marché est reparti à la hausse avant de marquer légèrement le pas à la suite de la pandémie de Covid-19. Aujourd'hui, les carnets de commandes des constructeurs sont remplis. Des amateurs de superyachts se retrouvent même sur listes d'attente.

**La longueur moyenne des yachts augmente chaque année de**

3 centimètres

# 180,61 mètres

**L'*Azzam*, le plus long yacht du monde**
Propriété de la famille royale d'Abou Dhabi

**Zone de résidence des propriétaires de yachts de plus de 40 mètres en 2021**

Si les Américains continuent de détenir un quart de la flotte de superyachts mondiale, l'enrichissement des pays émergents a provoqué l'apparition de nouvelles fortunes qui souhaitent, elles aussi, posséder ces marqueurs de richesse. L'Asie est en pleine expansion, tandis qu'en Amérique latine la relativement faible demande est tirée vers le haut par le Mexique : désormais 2,2 % des propriétaires de yachts dans le monde sont mexicains. Les Russes, eux, possèdent aujourd'hui un peu moins d'un yacht sur dix (8,7 % des superyachts mondiaux), un chiffre en déclin.

Sources : Global Order Book 2021, Salon international du superyacht, Grand View Research – Infographies Tomoë SUGIURA

# À lire, à voir

**Superyachts, Luxe, calme et écocide**

de Grégory Salle

*Éd. Amsterdam, 2021*

Les yachts ne sont pas qu'un caprice d'ultra-riches. En étudiant la multiplication des palaces flottants, le chercheur explore les inégalités, la crise écologique, l'impunité des puissants.

**Servir les riches, Les domestiques chez les grandes fortunes**

d'Alizée Delpierre

*Éd. La Découverte, 2022*

La sociologue plonge dans les relations complexes entre les grandes fortunes et leurs domestiques.

**Comment les riches détruisent la planète**

d'Hervé Kempf

*Éd. du Seuil, 2007*

Le journaliste spécialiste des questions environnementales expose comment une « *classe dirigeante prédatrice et cupide* » empêche, par sa foi aveugle dans le capitalisme, de résoudre la crise climatique.

**Pour aller plus loin**

# Pollution de haut vol

Sur le site du salon du yacht de Monaco, dans la rubrique « Organisez votre séjour », un onglet « Réservez votre vol » indique que 500 euros sont offerts *« sur votre première réservation »*. Par curiosité, je regarde combien me coûterait le voyage de Genève à Nice, via le prestataire du salon, GlobeAir. Résultat : 6 230 euros l'aller simple d'une heure en jet privé. Pour me donner bonne conscience, je peux aussi acheter des *« compensations carbone »* censées *« neutraliser les émissions de $CO_2$ »* du vol. Le salon n'a pas signé de partenariat avec la SNCF. En train, le trajet dure huit heures.

À l'instar de ce qui s'est passé pour les yachts, l'usage des jets a été dopé par la pandémie de Covid-19. En 2020, une enquête du *Monde* révélait que, malgré les confinements imposés dans l'Hexagone, les ultrariches avaient contourné les restrictions de déplacement grâce à l'aviation privée. Il faut dire qu'en France les plus riches sont particulièrement friands de ce moyen de transport. Selon l'ONG Transport & Environment, *« l'utilisation des jets privés en France est disproportionnée par rapport à ses voisins européens »*. Un avion sur dix qui décolle dans l'Hexagone est un jet privé, et ils volent près de 40 % du temps à vide. Une situation d'autant plus problématique, rappelle *Mediapart*, qu'*« une seule heure de vol en jet correspond aux émissions annuelles moyennes d'une voiture en France »*.

Le compte Twitter @laviondebernard s'était spécialisé dans la traque des déplacements et émissions de $CO_2$ du jet privé du milliardaire Bernard Arnault. L'attention médiatique semble avoir embarrassé le patron de LVMH. En septembre 2022, son avion a été radié du registre des aéronefs français. Dans la foulée, le jet a été réimmatriculé dans un pays qui cache l'identité des propriétaires, rendant de fait son suivi impossible.

*« La logique ici est opposée à celle des yachts. Les jets sont faits pour être invisibles, pas ostentatoires »*, analyse Grégory Salle, chercheur au CNRS et spécialiste des palaces flottants. Du fait de sa petite taille et de sa rapidité de déplacement, le jet privé fait une cachette idéale. En 2011, l'homme d'affaires libyen Ziad Takieddine avait été intercepté par les douanes à l'aéroport du Bourget avec 1,5 million d'euros en liquide. Il revenait de Tripoli dans un jet privé affrété par l'État du colonel Mouammar Kadhafi.

La multinationale Glencore a récemment été condamnée pour avoir corrompu des fonctionnaires dans plusieurs pays africains en échange de l'obtention de contrats étatiques de pétrole. Elle avait pour habitude de transférer l'argent des pots-de-vin en jet privé. *« Des cadres de Glencore,* explique la justice britannique, *se sont rendus au Soudan du Sud peu après son indépendance avec 800 000 dollars en espèces. Quelque temps plus tard, la joint-venture de Glencore dans le pays a obtenu un contrat de deux millions de barils de pétrole brut. »*

Parfois, cette recherche de discrétion est mise à mal par les réseaux sociaux. Sur Twitter, le compte GVA Dictator Alert piste les trajets des jets privés utilisés par les dirigeants de régimes autoritaires et leurs familles. Ses tweets, postés chaque fois que l'un d'entre eux atterrit à l'aéroport de Genève, sont l'œuvre de militants qui dénoncent des trains de vie outrageusement luxueux aux frais du contribuable. Comme le fait que l'épouse du président camerounais Paul Biya vienne voir son coiffeur en avion privé en Suisse. Nairobi, Londres ou encore Glasgow : comme autant de tout petits cailloux dans les chaussures de luxe des puissants, d'autres comptes Twitter renseignent les allées et venues des jets un peu partout dans le monde. Mais pour combien de temps ? Peu après son rachat en 2022 par le milliardaire Elon Musk, le réseau a suspendu plusieurs comptes traquant les avions privés, notamment celui qui suivait les déplacements du jet d'Elon Musk lui-même. **Coline Emmel**

Photo : Jakob Rosen / Unsplash

€€€
HIDE YOUR MONEY
CAYMAN ISLANDS
-50%
ENLARGE YOUR BANK ACCOUNT
HIDE YOUR MONEY
HONG

# Un petit coin de paradis

Pourquoi les riches seraient-ils les seuls à échapper au fisc ? Pour lutter contre cette injustice, des pros de la finance, parfois peu scrupuleux, proposent une évasion fiscale low cost, où les petits contribuables risquent gros.

**Par Catherine Le Gall — Illustrations Louise Laborie**

*Le paradis fiscal pour tous.* » Telle était la promesse de Nadav Bensoussan quand il a monté la société France Offshore au début des années 2000. Grâce à ce jeune entrepreneur, réduire ses impôts en toute discrétion n'était plus réservé aux gens fortunés. Pour une somme allant de 2 500 à 6 000 euros, ostéopathes, coiffeurs ou dirigeants de simples sociétés informatiques pouvaient s'ouvrir les portes des paradis fiscaux. L'expert en fiscalité se voyait-il en Robin des Bois dont la mission est de soulager les plus modestes ? Ou n'était-il qu'un Picsou de plus, désireux de monter un juteux business ?

À le voir, devant les caméras de France 5 (dans le documentaire *On ira tous au paradis fiscal*, diffusé en 2011), confortablement assis dans sa berline tapissée de cuir beige, circulant dans les rues pavées de Riga, la capitale lettonne, on penche plutôt pour la seconde option. À l'époque, avec ses cheveux bruns gominés, sa chemise blanche bien repassée et son imperméable assorti aux sièges de la voiture, le quadragénaire a fière allure. Il explique tranquillement qu'il profite d'une toute nouvelle législation mise en place en Lettonie pour attirer des résidents fiscaux. Une pile de nouveaux dossiers dans son coffre, il assure que tout cela est parfaitement conforme à la loi. Puis, avec l'assurance d'un homme à l'avenir prometteur, il entre au siège de la banque Rietumu, où ses clients peuvent ouvrir un compte. En France, il a mis en place un démarchage très actif en inondant les professions libérales de fax qui vantent ses prestations. Son argumentaire, qui cite de nombreux textes juridiques, comme le traité de Rome ou ceux relatifs à la libre circulation des capitaux au niveau européen, achève de convaincre ses futurs clients.

Las, la belle illusion a été brisée en 2011 lorsque le fisc français a déposé plainte et que le fringant Nadav a été mis en examen pour « blanchiment de fraude fiscale en bande organisée » l'année suivante. France Offshore avait édité de fausses factures et créé des filiales de sociétés fictives. Mais l'homme tenait à honorer ce qu'il considérait comme une promesse de « *justice fiscale* », il a donc récidivé quelques années plus tard. Cette fois, il s'est installé en Belgique pour créer Fidusuisse en partenariat avec une banque néo-zélandaise. Sa tentative a de nouveau tourné court : une employée s'est fait prendre la main dans le sac par les caméras cachées de *Cash Investigation* qui consacrait une émission aux « Panama Papers ». Elle avait proposé sans sourciller au journaliste, qui se faisait passer pour un client, un montage passant par le Delaware pour blanchir des dessous-de-table immobiliers et avait opportunément conclu l'entretien par cette formule : « *Quand vous passez par nous, on s'occupe de tout.* »

**Les belles promesses de Nadav Bensoussan n'étaient en réalité qu'une banale escroquerie.** En 2017, il a été condamné à cinq ans de prison – dont trois avec sursis – et 3 millions d'euros d'amende dans l'affaire France Offshore. L'homme fait profil bas et il est difficile de retrouver sa trace. À la suite de ses déboires, il semblerait qu'il se soit reconverti un temps dans le domaine de la menuiserie de luxe. Sans plus de succès puisque sa société a fait l'objet d'une liquidation judiciaire en avril 2022. Au téléphone, sa voix n'a pas changé mais il refuse de répondre aux questions de *XXI*. Quant à son profil Linkedin, il mentionne qu'il est à présent architecte, mais, sur la photo, on ne le voit que de dos.

Malgré cette déconfiture, le slogan de Nadav Bensoussan n'a pas sombré avec lui. Il a resurgi sous une autre forme, plus immatérielle. Fini, les cravates et les chemises repassées, tout se fait maintenant via Internet où des dizaines de sites proposent la création de sociétés offshore «*en toute légalité*» et en quelques clics. Pacific Line Offshore accueille les candidats à l'exil fiscal par une vidéo de présentation: «*Vous envisagez de créer une société à l'étranger et vous avez bien raison, les opportunités sont nombreuses et les avantages que vous pourriez en tirer sont exceptionnels.*» Écosse, Portugal, Espagne, Hongkong ou Chypre: le site déroule toute une liste de destinations à la manière d'une agence de voyages. Pour chacune d'elles, il précise le taux d'imposition sur les bénéfices ainsi que les plus-values.

L'atout sur lequel tous les prestataires insistent est bien sûr le prix. Ils promettent le paradis fiscal à des tarifs imbattables. «*À partir de 319 euros*», précise le site Company Offshore. Celui-ci va jusqu'à vendre des packs à la manière des «smartbox» qui proposent des week-ends en amoureux. Sauf qu'il n'y a absolument rien de romantique à créer une société en Bulgarie pour 1 490 euros, «*payables en deux fois*». Malgré les formules qui garantissent honnêteté et transparence, il est difficile de savoir comment cela fonctionne. Une chose est sûre: on peut en effet créer sa structure en quelques clics. C'est l'expérience menée par le député et ex-candidat communiste à l'élection présidentielle Fabien Roussel, quand il était rapporteur de travaux sur l'évasion fiscale en 2018. À cette époque, il explique avoir monté une société offshore à Gibraltar en une poignée de minutes. Et en avoir nommé Gérald Darmanin, alors ministre de l'Action et des Comptes publics, et Amélie de Montchalin, députée LREM (ex-LR), respectivement directeur et actionnaire principale. À la fin de l'opération – qu'il n'a pas conduite à son terme –, il aurait pu avoir accès à une carte bancaire sur laquelle aucune identité n'apparaissait et qui permettait de «*tirer 720 000 dollars par an dont 30 000 par transaction*».

Alors, qui fait appel à ce genre de services? Les sites parlent évasivement de «*professionnels*» de «*PME*», des secteurs de la vente en ligne, de l'informatique, du transport. Celui de Pacific Line Offshore précise: «*Pratiquement toutes les activités sont envisageables, à la seule condition de ne pas être physiquement localisable.*» Au numéro destiné à la clientèle, ils ne sont guère bavards. «*On ne fait pas d'évasion fiscale ici*», m'annonce-t-on d'une manière frontale. Je me suis présentée comme une particulière mais mon interlocuteur ne me laisse pas le temps d'aller plus loin: il me raccroche au nez à la première question. Quand je me présente en tant que journaliste, c'est pire: «*Nous ne souhaitons pas vous répondre. Nous ne traitons pas les questions fiscales.*» Puis le ton se fait plus sec encore: «*Moi aussi je peux écrire un article sur les journalistes, vous allez voir ce que ça va donner.*»

**Les clients, quoique méfiants au départ, s'avèrent plus prolixes.** J'échange d'abord avec une femme qui a créé une société de formation à la pâtisserie en ligne. Elle assure avoir voulu monter une société à l'étranger, non pour des raisons fiscales, mais pour étendre son activité. Elle garde un souvenir cuisant de sa conversation avec le représentant d'un des sites: «*Il m'a prise de haut et a été très désagréable.*» Elle a fini par faire affaire avec quelqu'un d'autre «*pour un coût très raisonnable*». Et semble y avoir amplement trouvé son compte: «*Ça fonctionne bien et, évidemment, tout est légal. Je n'ai pas de problème à faire confiance à quelqu'un que je n'ai jamais vu, même pour lui confier mon argent. Après tout, je développe mes activités en ligne moi aussi.*»

L'expérience a été moins convaincante pour celui qui se présente comme «*directeur d'un centre de formation en langues étrangères*». «*Je me suis fait avoir, j'ai été mal conseillé.*» Il affirme avoir créé une société en Angleterre pour développer ses activités, pourtant il laisse entendre à demi-mot qu'il l'a aussi fait pour des raisons fiscales. «*Au départ, on pense que ça ne coûte pas cher, entre 2 000 et 5 000 euros pour créer sa société et son compte bancaire. Mais ensuite, la moindre opération, c'est au moins 500 euros et ça devient problématique.*» Le client estime se trouver en mauvaise posture et dit ne plus savoir comment s'en sortir: «*Au bout du compte, quand on additionne tous les frais, on n'est pas si gagnant. Autant payer ses impôts*

**« Au départ, on pense que ça ne coûte pas cher. Mais ensuite, la moindre opération, c'est au moins 500 euros. »**

LE CLIENT D'UN SITE DE CRÉATION DE SOCIÉTÉS OFFSHORE

*en France.* » Il admet avoir fait une erreur. « *Si je pouvais fermer la société et le compte, je le ferais. Mais l'homme à la tête du site est du genre agressif. J'ai peur de perdre mon argent alors je ne dis rien.* »

**Est-il vraiment possible d'échapper au fisc quand on n'a pas les moyens** de s'offrir les services d'un cabinet de conseil parmi les plus prestigieux ? La promesse d'optimisation fiscale pour tous s'éloigne. Reste une autre piste pour les contribuables qui souhaitent alléger leur avis d'imposition : les conseillers en gestion de patrimoine, ou CGP, comme ils s'appellent dans leur milieu. Eux aussi ont repris le slogan de la justice fiscale. À l'instar de Parangon Patrimoine, qui se présente comme « *une plate-forme financière spécialisée dans l'ingénierie patrimoniale* » et dont le site indique clairement : « *La vision de Parangon est que la gestion de patrimoine est accessible à tous. En effet, seuls les contribuables à forte fiscalité s'entourent aujourd'hui de conseils et de spécialistes alors que le contribuable classique passe à côté d'opportunités légales lui permettant de réduire ses impôts.* » Un discours prometteur, des conseillers en chair et en os : l'affaire est alléchante. Je prends rendez-vous avec une conseillère à la terrasse d'un café, sur la grand-place d'une ville bretonne.

**Ne sachant quoi répondre, elle lâche un « vous pouvez nous faire confiance » assez peu convaincant.**

Lorsque j'arrive, la conseillère en gestion de patrimoine est déjà installée. Elle a des yeux verts souriants, des cheveux bruns coupés au carré et tous les attributs de sa profession : un tailleur noir et un crayon prêt à prendre des notes. Loin des promesses faciles d'Internet, la jeune femme met tout de suite en confiance. Elle explique avoir été fraîchement formée mais, à l'écouter, elle maîtrise parfaitement son sujet. Elle parle plans d'épargne en actions, investissements immobiliers et assurance vie comme s'il s'agissait d'outils destinés uniquement à réduire notre contribution aux recettes publiques. Cerise sur le gâteau, la prestation est gratuite : « *Nous nous occupons de faire un diagnostic et de vous proposer des solutions qui conviennent à vos besoins. Nous travaillons avec des spécialistes qui peuvent vous proposer leurs prestations, ce sont eux qui assurent notre rémunération.* »

J'ai tout de même des principes que je lui soumets. J'aimerais notamment souscrire à des produits « verts », c'est-à-dire des produits financiers dont le rendement n'est pas lié à l'utilisation d'énergies fossiles. Le beau sourire de mon interlocutrice se fige un peu : « *C'est plus compliqué de répondre à des demandes spécifiques mais nous allons examiner votre dossier.* » Pour cela, il me faut envoyer toutes mes données financières, des fiches de paie aux frais professionnels en passant par les avis d'imposition. « *Mais que faites-vous de ces données ? Est-ce que je peux vous fournir des données anonymes ?* » Cette question va définitivement avoir raison de la bonne humeur de la conseillère. Ses yeux verts trahissent un léger malaise et, ne sachant visiblement que répondre, elle lâche un « *vous pouvez nous faire confiance* » assez peu convaincant.

Lorsqu'elle part, j'ai plus de questions en tête que de réponses. Pourquoi son offre est-elle si standardisée et pourquoi n'est-il pas possible de répondre à des demandes spécifiques ? Comment se fait-il que le client ne paie pas le diagnostic ? La phrase « quand le service est gratuit, alors c'est toi le produit » me revient sans cesse en tête... Un début d'explication se dessine quelques jours plus tard en écoutant Cyril Jarnias, conseiller en gestion de patrimoine, répondre à une interview sur BFM-TV. Cheveux gris, costume gris, cravate grise... lui aussi correspond en tout point à l'image un peu austère que l'on se fait de la profession. Mais quand il défend son métier, son être tout entier s'anime : « *Plus c'est gratuit, plus c'est louche.* » Il sait utiliser les formules qui font mouche. « *Moi, je propose des services sur mesure. Tout le monde a droit à un vrai médecin de famille pour gérer son patrimoine.* »

Cyril Jarnias m'expliquera plus tard les subtilités de sa profession : « *Elle se scinde en deux profils : les CGP indépendants qui font payer leurs prestations et qui ne représentent que 10 % de l'ensemble. Et les CGP qui proposent un service gratuit et qui se rémunèrent comme des courtiers, c'est-à-dire via des rétrocessions sur les produits qu'ils vendent. Dès lors, il faut*

*bien qu'ils gagnent leur argent quelque part. Pourquoi est-ce qu'ils ne vendraient pas les services qui leur rapportent le plus ?»* Voilà sans doute pourquoi ma conseillère a tiqué quand je lui ai parlé de finance «verte». Cela ne doit pas être prévu dans son programme. «*Quand on fait du low cost, on fournit moins de service. Le suivi est moins personnalisé, notamment quand les actifs financiers sont moins performants et qu'il y a des arbitrages à faire*», poursuit l'expert. Dans l'univers des CGP en ligne, moins on paie, plus la prestation est standardisée. Et si, au bout du compte, l'optimisation fiscale pour tous n'était qu'un slogan vide de sens ?

**Les clients seraient pourtant de plus en plus nombreux à s'y aventurer,** estime Mabrouk Sassi. À leurs risques et périls, prévient toutefois l'avocat fiscaliste, spécialisé dans les contentieux: «*Ces derniers temps, je vois des influenceurs, des prestataires informatiques ou des consultants tenter l'expérience. Certains se retrouvent à la tête d'un bon pactole et pensent qu'il est tout à fait légal de créer une société à l'étranger et de ne pas payer d'impôts.*» Toutefois, pour être affilié au régime fiscal d'un pays, il faut y avoir son instance décisionnaire et y exercer réellement une activité (c'est ce que l'on appelle la «substance fiscale»). «*Une multinationale comme Apple a les moyens de posséder une tour de cinquante étages en Irlande et d'être présente physiquement sur place. Ces personnes ne peuvent pas le faire, elles prennent donc des risques inconsidérés et ne mesurent pas quelle peut être la riposte du fisc.*»

L'avocat dit constater une double inflation: celle des personnes qui ont recours aux sociétés offshore et celle des contrôles organisés par le ministère des Finances. «*Il y a une quantité stratosphérique de personnes qui ont un compte à l'étranger et leur nombre est sous-estimé. C'est pourquoi le fisc est très réactif et le nombre d'enquêtes pour blanchiment de fraude fiscale explose. Au début, ces gens*

*ne veulent pas payer d'impôts, mais quand ils tombent dans les filets de l'administration, ils sont prêts à faire crédit pour les payer. Malheureusement, c'est trop tard* », met en garde l'avocat.

Car les risques encourus sont très lourds, comme l'expose Mabrouk Sassi, qui a défendu les clients de Nadav Bensoussan. « *Ils ont dû payer les impôts qu'ils avaient tenté d'éviter et, en plus,* affirme l'avocat, *ils ont fait l'objet d'un redressement de 80 % sur cette somme. La majorité d'entre eux était contente de payer pour pouvoir oublier cette affaire. Mais certains clients ont vécu la sanction comme une double peine car ils n'avaient pas récupéré tout l'argent qu'ils avaient confié à la société de Nadav Bensoussan.* » Sans parler des désagréments liés à l'instruction de l'affaire : « *Les gens ne se rendent pas compte des risques auxquels ils s'exposent, comme les écoutes téléphoniques, les perquisitions ou même les gardes à vue. Et cela peut également toucher les personnes qui ont hérité de comptes à l'étranger et qui n'osent pas rapatrier l'argent de peur de se faire repérer.* »

**C'est ce qui s'est passé pour Florence Lamblin, conseillère de Paris,** adjointe au maire dans le 13e arrondissement et porte-parole d'Europe Écologie-Les Verts. Elle est issue d'un milieu aisé et son cas est emblématique des risques encourus une fois le doigt pris dans l'engrenage. En 2012,

une histoire de fraude fiscale a mis un coup d'arrêt à sa carrière. Cette femme politique estampillée « bobo » chic, avec sa maison familiale à Paris et son duplex à Chamonix, avait jusque-là mené une trajectoire plutôt discrète. Mais l'élue à l'allure classique et raffinée était l'héritière secrète d'un compte en Suisse où elle allait puiser environ 9 000 euros par an, pour régler des dépenses de la vie courante, payer des vacances ou acheter des cadeaux d'anniversaire. En 2010, elle aurait pu éviter le pire : son conseiller bancaire suisse lui suggère de profiter de l'amnistie fiscale proposée par Bercy pour clôturer son compte. Mais effrayée à l'idée de compromettre son ascension politique, elle ne suit pas sa recommandation. Pourtant, à l'été 2012, elle prend la décision de fermer ce compte pour récupérer les 350 000 euros qu'il contient.

Dilemme : comment s'y prendre sans se faire repérer ? L'élue va enchaîner les mauvaises décisions qui lui seront fatales. Elle fait confiance à un proche de son compagnon qui assure pouvoir l'aider. Quelque temps plus tard, elle reçoit l'appel d'un certain Marc qui lui donne rendez-vous dans le 9e arrondissement de Paris pour lui remettre l'argent. Il lui confie un sac plastique blanc rempli de petites coupures de 100, 50 et 20 euros. Tous deux comptent sommairement l'argent, et l'élue, sans doute soulagée, quitte les lieux. Elle l'ignore encore mais la transaction a été filmée par des policiers qui souhaitent démanteler un vaste

**Il lui confie un sac en plastique blanc rempli de petites coupures issues d'un trafic de drogues.**

réseau de blanchiment d'argent issu d'un trafic de drogues entre le Maroc et la France. C'est de là que provient le magot qu'elle vient de récupérer. Comme d'autres titulaires de comptes dans la même banque suisse, elle est mise en examen pour « blanchiment en bande organisée et association de malfaiteurs » et même si elle déclare ignorer d'où provenaient les fonds, c'est trop tard, la mécanique est lancée.

À l'époque, ce circuit de blanchiment entre le Maroc, la France et la Suisse constitue une forme d'adaptation du système d'évasion fiscale pour les clients qui ne savent que faire de leur compte helvète. Quitte à tisser des liens entre le circuit de la finance et celui de la criminalité organisée. La situation est délicate pour les soutiens politiques de Florence Lamblin ; le maire de Paris, Bertrand Delanoë, se désolidarise publiquement. Acculée, l'élue finit par démissionner.

L'affaire Florence Lamblin, si elle est extrême, montre bien que le chemin du paradis fiscal est semé d'embûches. Et, surtout, qu'il est déconseillé de s'y aventurer seul. Pour se soustraire à la solidarité nationale, le parfait petit fraudeur devra bien s'entourer, faire appel à des experts, qui connaissent les législations nationales et internationales. Or les candidats à l'aventure offshore sont sans doute plus nombreux qu'on ne l'imagine. Selon les estimations de l'économiste Gabriel Zucman, 8 % du patrimoine mondial des ménages est géré dans les paradis fiscaux.

Spécialisé dans la lutte contre le blanchiment, le capitaine **Quentin Mugg** dirige un groupe antidrogue d'Europol, l'agence de police criminelle de l'Union européenne. Il raconte les liens étonnants entre paradis fiscaux et trafic de stupéfiants. Ou comment les fraudeurs contribuent, souvent sans le savoir, à blanchir les milliards de la drogue.

**Propos recueillis par David Servenay — Illustration Aline Bureau**

# « Il existe une symbiose entre fraudeurs fiscaux et trafiquants de drogue »

**Vous avez travaillé dix ans à l'Office central pour la répression de la grande délinquance financière (OCRGDF) en France. Que vous ont appris ces années de lutte contre les criminels financiers ?**

Qu'il y a essentiellement deux types de criminalité financière qui vont engendrer deux façons différentes d'enquêter. Pour résumer à grands traits, d'un côté, il y a les entreprises criminelles qui génèrent des profits, en liquide, en raison de leur activité – trafic de drogue, prostitution, jeux illégaux. De l'autre, les activités criminelles de type « col blanc » qui vont chercher à s'approprier des fonds déjà « bancarisés », en ayant recours à l'escroquerie, les abus de biens sociaux, les détournements de fonds publics, etc. Très concrètement, dans le premier cas de figure, les trafiquants vont chercher à introduire puis déplacer du cash dans le système bancaire sans attirer l'attention : la problématique est vraiment d'ordre logistique, il faut bouger les fonds. Il s'agit ici de groupes criminels d'importance qui génèrent d'énormes sommes d'argent. Dans le second cas, les délinquants en col blanc essaient de sécuriser leur emprise sur de l'argent qui se trouve déjà dans le système bancaire, via des stratégies de dissimulation, afin de pouvoir ensuite envoyer ces fonds ailleurs. L'une des façons d'y parvenir est d'échanger cet argent scriptural contre du liquide. En fonction du point de départ de l'enquête, nous allons utiliser des méthodes d'investigation (écoutes, filatures, infiltrations) et des moyens policiers et judiciaires différents. Nous pouvons partir de la découverte d'investissements ou de mouvements d'argent suspects et, tel le saumon qui remonte la rivière, nous tentons de déterminer quelle était l'infraction à l'origine des fonds. Ou alors, et c'est l'approche habituelle face au crime organisé, nous constatons une infraction initiale, puis nous nous laissons porter par le flux de l'argent. C'est aussi pour cela que les enquêtes financières doivent être menées dans le même temps que les enquêtes sur les trafics de stupéfiants, ou sur d'autres activités criminelles. Il n'y a plus ensuite qu'à redescendre le flux du liquide que ces exactions génèrent en continu et qui circule largement en dehors des circuits financiers. En suivant ce flux, on finit quand même, au bout d'un moment, dans les banques. Généralement à l'étranger.

**Cela remet en cause le principe souvent énoncé «follow the money» («suivre la piste de l'argent»). La meilleure méthode serait donc de combiner analyse financière et ficelles traditionnelles de l'enquête ?**

Plus la législation est stricte – en termes de surveillance et de lutte contre le blanchiment –, plus les voyous ont tendance à privilégier des méthodes ultratraditionnelles de type compensations ou *hawala* [un système ancestral de transfert d'argent basé sur la confiance – sans mouvements effectifs de fonds – effectué via un réseau d'intermédiaires, ndlr] qui existent en dehors du système financier officiel. L'approche classique d'enquête, principalement documentaire, fonctionne bien avec les méthodes de blanchiment où l'argent demeure dans les circuits financiers. Mais pour le crime organisé qui fonctionne avec des espèces, les choses sont différentes. Dans l'immense majorité des cas, l'argent liquide est pris en charge par les professionnels du blanchiment – appelés «courtiers» ou «brokers». Leur but est précisément que l'argent ne bouge pas physiquement : ils transfèrent de la valeur, mais pas les billets. L'argent devient une marchandise et si vous cherchez à suivre sa piste, vous allez rester sur place. Toutefois, les délinquants vont essayer d'introduire l'argent dans le système bancaire classique pour le faire circuler partout dans le monde. Les deux méthodes d'enquêtes ne s'excluent pas, elles se combinent.

**La police a-t-elle suffisamment évolué face à cette criminalité financière ?**

La police connaît depuis longtemps la mondialisation de la criminalité, en particulier dans le secteur des stupéfiants : on produit peu de cocaïne dans le Poitou ! La coopération internationale est parfois difficile, mais elle a connu des avancées phénoménales. En 1995,

l'Union européenne s'est dotée d'un nouvel outil de coopération : Europol. Cette agence de police criminelle permet d'échanger au quotidien et à l'échelle européenne des informations opérationnelles que l'on peut utiliser dans les procédures judiciaires. Eurojust [créée en 2002, ndlr] organise quant à elle la coopération judiciaire entre magistrats de l'UE, mais aussi de pays partenaires. Le mandat d'arrêt européen donne la possibilité d'aller interpeller un Allemand en Allemagne et de le ramener en France. Des groupes d'enquêteurs internationaux travaillent ensemble sur des dossiers de grande ampleur dans le cadre de dispositifs baptisés « équipes communes d'enquête ». Cela étant, dans certains pays, la coopération reste compliquée.

**Selon l'ONG Tax Justice Network, qui établit un classement des paradis fiscaux, Dubaï est devenu l'une des premières places offshore au monde. Comment l'expliquez-vous ?**

Il y a plusieurs raisons à cela. Tout d'abord, de nombreux opérateurs importants de *hawala* sont présents à Dubaï, car aux Émirats arabes unis, si le blanchiment est évidemment interdit, les opérations de compensation internationale ne sont pas illégales. Dubaï est également l'une des principales plates-formes d'échange de l'or, un hub important pour l'import-export. Le secteur immobilier y est extrêmement spéculatif, et les conditions fiscales, avantageuses. Ce territoire est devenu une place financière très importante où, de surcroît, résident beaucoup de travailleurs indiens ou pakistanais, une situation dont les blanchisseurs ont su tirer profit. En Inde et au Pakistan, une bonne partie de la population ne possède pas de compte bancaire et les transferts d'argent sont coûteux. Les expatriés ont donc recours à des moyens alternatifs et peu régulés pour expédier de l'argent vers leur pays d'origine. Les voyous y ont vite vu un intérêt : ils déposent de l'argent en liquide dans des bureaux de change dont ils utilisent les comptes pour leurs sociétés offshore. Grâce à ces coquilles vides, ils réintègrent dans le système financier des montants astronomiques. De plus, de notoriété publique, Dubaï a longtemps été un endroit où les voyous pouvaient vivre tranquillement dans la mesure où ils se comportaient bien. Jusqu'à récemment, il n'y avait que très peu d'extraditions. Mais les choses changent radicalement ces dernières années et Dubaï est devenu un partenaire de taille dans la lutte contre la criminalité financière, comme le démontrent les récentes vagues d'arrestations coordonnées avec les États de l'Union européenne.

**« Les fraudeurs bénéficient des réseaux établis par les voyous et des flux importants d'espèces générés par le trafic de drogue. »**

**On a l'impression que les fraudeurs n'ont pas conscience d'utiliser les mêmes circuits que ceux des réseaux criminels…**

En effet, ils n'en ont pas conscience. Pourtant, il existe une véritable symbiose entre les circuits des fraudeurs fiscaux et ceux des trafiquants. Les fraudeurs bénéficient des réseaux établis par les voyous et des flux importants d'espèces générés par le trafic de drogue, et, parallèlement, les trafiquants bénéficient aussi de l'argent des fraudeurs. Les cols blancs et les trafiquants ne sont jamais en contact autrement qu'au travers du courtier, labellisé « blanchisseur », mais qui ressemble fort à un complice. Ces deux mondes si différents se mélangent parce que ce blanchisseur va faire se rencontrer des besoins concordants : ceux des trafiquants qui souhaitent exfiltrer du cash et ceux des fraudeurs qui veulent récupérer du liquide. Le courtier a une vue d'ensemble qui lui permet de connaître tous les acteurs du système, ce qui rend le personnage intéressant pour un policier.

## « Si le taux de saisie des avoirs criminels est de 2 %, cela signifie que 98 % d'entre eux sont dans la nature. »

**Vous expliquez que ces réseaux ont pour point commun d'être familiaux…**

Oui, la famille offre la plupart du temps une garantie de loyauté entre ses membres. Les circuits reposent souvent sur des diasporas qui permettent d'établir des réseaux de contacts fiables. Ou du moins, on sait vers qui se retourner quand les choses se déroulent mal. Il y a même des spécialisations géographiques ou sur des produits en particulier. Par exemple, une partie de la diaspora chinoise joue un rôle de plus en plus important dans les opérations de blanchiment qui s'appuient en partie sur le transit international de marchandises.

**D'anciens magistrats [lire les entretiens de B. Bertossa et R. Van Ruymbeke p. 32 et p. 68] soulignent un manque d'engagement politique dans la lutte contre la finance offshore. Vous partagez leur constat ?**

Je suis policier, mon travail consiste à réunir les preuves des infractions et à déterminer qui en sont les auteurs. J'ai un point de vue de citoyen nourri de mon expérience de terrain mais je ne donne pas publiquement mon avis sur les questions politiques. Je peux néanmoins souligner que la répression de l'infraction même de blanchiment a connu des évolutions majeures. Aujourd'hui, il y a un quasi-renversement de la charge de la preuve : il incombe désormais aux suspects de prouver la légitimité de leurs opérations financières. Il y a aussi eu des avancées considérables en termes de saisie des avoirs criminels, la création de services spécialisés… [Depuis 2010, la France s'est dotée de l'Agrasc, une agence chargée de gérer et revendre les biens saisis par la justice aux criminels, ndlr.] Nous avons des outils répressifs légaux à notre disposition. Ce n'est pas rien. Et c'est le signe d'un intérêt législatif. On ne peut pas dire que rien n'est fait, même si on pourrait toujours faire mieux. Ce n'est pas un problème inhérent à la France : dans le monde, on ne saisit qu'environ 2 % des avoirs criminels !

**Les responsables politiques ont-ils conscience de l'ampleur de la perte que ces fraudes représentent pour nos sociétés ?**

Difficile de passer à côté : les chiffres sont là. Le marché de la drogue en Europe fait l'objet d'évaluations annuelles et il ne cesse d'augmenter. Chacun a conscience de l'importance des problèmes. L'enjeu pour l'Europe est de mettre en œuvre des politiques publiques, similaires dans tous les pays. Tracfin [la cellule française de renseignements financiers et de lutte contre le blanchiment et le financement du terrorisme, ndlr] surveille les flux tous azimuts. C'est important et très efficace. Problème : cela fonctionne tellement bien que le crime organisé évite le système bancaire. Renforcer localement la surveillance des flux bancaires aura peu d'impact sur le trafic de cocaïne international. Voire aucun. Si le taux de saisie des avoirs criminels est de 2 %, cela signifie que 98 % d'entre eux sont dans la nature. De leur côté, les fameux *brokers* doivent avoir un taux de satisfaction client de l'ordre de 100 % ! Leur système est en place depuis des dizaines d'années, et il fonctionne à merveille. Dans les enquêtes concernant des importations de cocaïne à la tonne, on constate que toutes les transactions s'effectuent en liquide. Même en pressurant les banques françaises, on ne trouvera pas ces criminels. Dans le monde du crime organisé, la transaction bancaire intervient à la fin du processus de blanchiment, pas au début. Ce que l'on trouvera éventuellement, ce sont des traces de montages internationaux complexes. Il sera alors extrêmement difficile de déterminer l'origine criminelle des fonds, y compris pour la banque elle-même.

**Argent sale : la traque**
de Quentin Mugg
et Hélène Constanty
*Éd. Fayard, 2021*

# La loi du Rocher

Un lanceur d'alerte poursuivi pour avoir dénoncé les pots-de-vin de sa multinationale, un juge évincé car trop prompt à enquêter sur des faits de corruption… Monaco se targue de devenir transparent. Mais la justice n'y serait-elle pas encore le fait du prince ?

**Par Michel Henry — Illustrations Marie Mohanna**

Il fait beau sur Zagreb, ce 17 octobre 2022, quand Jonathan Taylor reçoit enfin la nouvelle qu'il espérait depuis huit ans. « *Liberté !!* tapote-t-il sur son téléphone. *Aujourd'hui est un bon jour pour la justice, mais aussi pour les lanceurs d'alerte.* » Après avoir reporté deux fois son arrêt, comme pour lui infliger un dernier supplice, la cour d'appel de Monaco donne entièrement raison au juriste anglais. Oui, le non-lieu prononcé en sa faveur est valable. Non, rien ne justifie ces huit ans passés à l'accuser de tentative d'extorsion. Quant à sa dénonciation de la corruption au sein du groupe SBM Offshore en 2012, source de ses soucis, elle « *n'était pas motivée par des raisons financières, mais par des considérations juridiques, morales ou éthiques* », écrivent les magistrats.

« *Cette heureuse nouvelle ne me rendra pas ma carrière ni l'année perdue en résidence surveillée en Croatie, mais elle me rend le contrôle de ma vie* », commente Taylor, installé à Zagreb depuis peu. À 53 ans, cet homme affable mais fragile, avec une retenue et une courtoisie toutes *british*, a l'impression de renaître après « *des années sous antidépresseurs* », sans travail et un divorce douloureux. « *Mon mariage a été cassé et ma carrière de même. J'ai postulé à des endroits mais dès qu'on sait qui je suis, le processus s'arrête.* » Faute de retrouver un emploi stable, il exerce en indépendant.

Sa vie a basculé le 30 juillet 2020, quand il a atterri à Dubrovnik, en Croatie. Il vient pour des vacances en famille avec son épouse, Cindy, et leurs trois garçons. Arrêté dès le contrôle d'identité, il est jeté cinq jours en prison avant d'être libéré sous caution. Il est coincé près d'un an dans le pays, le temps que la justice croate se prononce sur une demande d'extradition en provenance de Monaco. Son tort ? Avoir dénoncé la corruption chez SBM Offshore, multinationale néerlandaise dont le centre opérationnel était installé dans la principauté jusqu'en 2015. Le groupe assiste les géants de l'extraction pétrolière, comme Exxon ou Shell, en installant d'énormes plates-formes offshore dont le coût de construction peut dépasser les 2 milliards de dollars. Avec 6 500 employés dans le monde en 2021, il est leader mondial. Le lanceur d'alerte a renseigné le FBI et la Securities and Exchange Commission (SEC, l'organisme de contrôle des marchés financiers américains), le Serious Fraud Office (SFO) britannique et les agences de renseignement au Brésil et aux Pays-Bas. Il a fourni son témoignage et des documents. L'affaire de corruption est devenue l'un des plus gros scandales du secteur pétrolier, SBM Offshore a déboursé plus de 600 millions d'euros pour éviter les poursuites dans plusieurs pays. Et à Monaco ? Rien, à part une plainte de la holding en 2014. Jonathan Taylor aurait menacé de révéler des faits de corruption s'il n'obtenait pas satisfaction pour renégocier ses indemnités de départ, le groupe l'a alors accusé de tentative d'extorsion. Et puisqu'il ne se présentait pas aux convocations du juge, la principauté a délivré un mandat d'arrêt international et Interpol a publié une « notice rouge ». D'où la demande d'extradition qui le bloque cinquante et une semaines en Croatie.

**Après des jobs dans des cabinets d'avocats internationaux à Londres, au Caire et au sultanat d'Oman,** Taylor entre dans le groupe SBM Offshore à Monaco en 2003. Il débarque en territoire inconnu, ne sait de la principauté que ce qu'il en a lu ; sa femme y a juste fait un « *tour de reconnaissance* ». Il s'attend à trouver un îlot pour les ultrariches, attirés par l'absence d'impôts sur le revenu. Ni impôt sur la fortune, ni taxe foncière, ni taxe d'habitation. La belle vie. Mais à l'usage, l'endroit ne lui semble « *pas si select* ». Lui-même s'en tient à l'écart, habitant en France, comme beaucoup de salariés du Rocher, c'est plus abordable. Le juriste, diplômé de Guildford, université de droit située au sud-ouest de Londres, monte en grade à mesure que SBM Offshore grandit, au point que ses effectifs dépassent les mille salariés dans la principauté, d'où le groupe organise ses prospères activités mondiales.

Jusqu'à ce jour de janvier 2012 où le supérieur de Taylor, Jay Printz, reçoit un appel téléphonique l'informant de potentielles pratiques de corruption en Guinée équatoriale – des commissions illégales versées à des intermédiaires pour obtenir des marchés. Il prévient la direction, qui réagit au quart de tour : un comité d'investigation interne est mis en place, sous la houlette de Printz, directeur juridique, et de Taylor, son adjoint. Ils accèdent à des documents confidentiels. « *En une semaine, nous rassemblons une masse colossale d'informations, des accusations de pots-de-vin portant sur 250 millions de dollars dans les cinq années précédentes*, raconte-t-il. *Un choc énorme pour nous. Nous ne nous doutions de rien, mais ces pratiques semblaient dans l'ADN de l'entreprise.* » Missionné par SBM Offshore pour enquêter, le cabinet d'avocats américain Paul Hastings confirme la somme. À partir de là, les versions divergent. SBM Offshore prétend avoir fait le ménage dès la révélation du scandale. Taylor soutient au contraire que le comité d'investigation est mis *«sous pression maximale»* pour se contenter de ce qu'il a déjà découvert. Objectif, selon lui : *«minimiser les responsabilités et que le silence se fasse»*. Mécontent, Jay Printz démissionne en mars 2012. Ce dernier ayant menacé de dénoncer les pots-de-vin, SBM Offshore évoque, dans un communiqué du 10 avril 2012, des soupçons de mauvaises pratiques le concernant. Taylor se retrouve seul à diriger la commission d'enquête et s'inquiète : et si, plus tard, on l'accusait d'avoir dissimulé des preuves ? Pour se couvrir, il informe la SEC, le gendarme boursier américain. Il a enregistré des réunions, copié des centaines de documents : son dossier est solide. Il tente de convaincre SBM Offshore d'abandonner sa stratégie de «containment» visant à garder le scandale secret. Le groupe conteste : *«Il n'y a jamais eu de camouflage.»*

S'ensuivent des semaines de grande tension. L'homme devient tourmenté. *«Du 1er février au 6 juin 2012, j'allais au travail comme en territoire ennemi, je n'ai jamais été aussi stressé de ma vie,* expliquera Taylor. *Après le départ de Jay Printz, j'étais devenu l'ennemi public numéro un.»* Il est débarqué du comité d'enquête en mai 2012 et se voit mal rester, comme on le lui propose : *«Impossible, avec tout ce que je savais.»* Il négocie en juin son départ de l'entreprise, *«forcé parce que je ne voulais pas couvrir ces pratiques»*.

Il peine à retrouver du travail, déménage à Perth, en Australie, pour un emploi *«mal payé»*. *«Je ne pouvais pas expliquer à mes collègues pourquoi j'avais quitté un superjob bien payé à Monaco pour ce poste qui n'était pas à mon niveau. Ils se posaient des questions sur ma santé mentale.»* Ce silence est imposé par la clause de confidentialité qu'il a signée. Quelques mois plus tard, SBM Offshore lui reproche de ne pas la respecter. Faux, répond-il. En contre-attaque, il demande que son indemnité de départ soit réévaluée.

SBM Offshore négocie, plusieurs rencontres ont lieu. *«Ils ont payé mes frais de déplacement. Ils avaient l'air de prendre mes demandes au sérieux. En fait, ils voulaient juste savoir de quelles infos je disposais.»* En 2014, le magazine néerlandais *Quote* publie un article titré «Une info volée évoque 250 millions de dollars de fraude à SBM Offshore, avec de hauts responsables impliqués» et la justice déclenche une enquête. SBM Offshore reconnaît 200 millions de dollars de *«paiements abusifs»* entre 2007 et 2011 et débourse 240 millions de dollars aux Pays-Bas pour clore ce dossier judiciaire. Mais sans admettre formellement sa culpabilité. Les détails de la transaction avec les autorités néerlandaises restent secrets.

**« La corruption était si usuelle que c'était comme se laver les dents ou boire un verre d'eau », explique un employé lors du procès.**

**L'affaire prend une tournure internationale et les procédures judiciaires se multiplient.** *«La corruption était si usuelle que c'était comme se laver les dents ou boire un verre d'eau»*, expliquera en novembre 2021 un employé lors d'un procès en Suisse, selon le journal *Le Temps*. Trois des filiales de la multinationale y sont reconnues coupables de corruption en Angola, au Nigeria et en Guinée équatoriale. La Suisse condamne aussi le Français Didier Keller en juillet 2020 à deux ans de prison avec sursis et 480 000 dollars d'amende pour «corruption active d'agents publics étrangers». À Monaco, ce PDG de SBM Offshore entre 2004 et 2008 avait ordonné le paiement, via une société-écran, de près de 7 millions de dollars de commissions à des cadres de la compagnie pétrolière angolaise Sonangol. Désormais retiré au Portugal avec un patrimoine estimé à 10 millions d'euros, cet ingénieur aéronautique de 76 ans a *«évolué dans un environnement professionnel où la corruption paraît avoir constitué un business model depuis de nombreuses années»*, estime le ministère public du tribunal de Bellinzone (Suisse), confirmant la description de Taylor.

SBM Offshore a toujours rejeté la responsabilité sur une précédente équipe de direction, soutenant dès 2014 avoir *«clos un chapitre du passé pour lequel le conseil d'administration actuel a manifesté des regrets […]. Nous avons fait preuve d'ouverture, de transparence et de responsabilité tout au long de ce processus difficile qui a permis de régler des problèmes d'une époque révolue.* » Le groupe affirme appliquer « *une politique claire de tolérance zéro en matière de corruption, initiée et mise en œuvre par la nouvelle direction depuis 2012* ». Pourtant, le PDG en poste depuis 2012, le Franco-Suisse Bruno Chabas, et Sietze Hepkema, ancien responsable de l'« éthique » devenu membre du conseil de surveillance, ont chacun payé 60 000 dollars pour éviter une procédure pénale au Brésil en 2016.

Après son arrestation à Zagreb à l'été 2020, Taylor pointe deux fois par semaine au commissariat local. Il compte les jours de séparation – trois cent quarante-deux – d'avec sa famille et ses trois garçons, retournés dans le Hampshire. Son histoire émerge dans les médias britanniques, des députés défendent au Parlement ce « *bouc émissaire puni pour avoir fait ce qui était juste* ». La situation se débloque en juillet 2021 quand le ministre croate de la Justice refuse l'extradition. De retour à Southampton, Jonathan Taylor bénéficie, au printemps 2022, d'un non-lieu ordonné par le juge monégasque Ludovic Leclerc. Fin du cauchemar ? Non ! Inflexible, le parquet de la principauté veut le voir condamné pour tentative d'extorsion. « *L'inculpé a, dans le but d'obtenir le versement de fonds, menacé la partie civile de révéler des éléments portant atteinte à son honneur et à sa considération* », argumente le procureur général dans son appel du 25 avril 2022. Il tente une comparaison : « *C'est comme l'employé qui considère avoir une créance de salaire non honorée et qui menace son employeur de révéler au fisc ses manquements déclaratifs.* »

En octobre 2022, la cour d'appel blanchit définitivement le lanceur d'alerte, suivant l'argumentation d'un de ses avocats, Me William Bourdon : il n'y avait dans sa démarche aucune intention frauduleuse. Au passage, la cour égratigne les ambiguïtés de SBM Offshore qui « *n'a pas identifié Jonathan Taylor comme pouvant être un maître chanteur pendant près de dix-huit mois* », lorsqu'elle négociait avec lui. Et qui a montré « *une certaine ambivalence* » en n'informant pas la justice que ces négociations se sont poursuivies jusqu'en 2018. Le groupe ne réagit pas : « *Nous ne commenterons pas davantage la décision de justice concernant M. Taylor* », indique un porte-parole contacté par *XXI.*

« *C'est bien à Monaco que se décidait qui corrompre, mais la principauté a préféré s'en prendre à moi* », déplore Taylor. SBM Offshore, « *le chouchou de Monaco* », établi là-bas depuis plus de cinquante

**Le juge monégasque convoque Jonathan Taylor. Mais le juriste ne vient pas. Il craint une arrestation et décrit son syndrome de stress post-traumatique.**

ans, est le premier employeur privé du pays, avec son millier de salariés. « *Le prince a inauguré la crèche de l'entreprise et Monaco a émis un timbre consacré à SBM. La principauté voulait attirer plus de sociétés comme celle-ci, il ne fallait pas les effrayer. On s'en est pris au lanceur d'alerte sans inquiéter l'entreprise, c'est un message clair.* »

Le Britannique garde une volonté intacte. Lors d'une audition à Monaco en octobre 2021, il a fourni au juge des documents incriminant le groupe. Il entend « *demander des comptes à ceux qui ont tenté – et presque réussi – à [le] faire taire, pour avoir mis au jour l'une des plus grandes affaires de malversations jamais révélées* ». Il semble avoir été entendu : interrogé par *XXI,* le procureur général indique, sans plus de précisions, qu'« *une enquête confiée à la direction de la Sûreté publique de Monaco est en cours sur les faits dénoncés par Jonathan Taylor* ».

En juin 2019, le juge Édouard Levrault, alors en charge du dossier, convoque Jonathan Taylor dans ses bureaux monégaques. Mais le juriste ne vient pas. Il craint une arrestation et s'en explique dans une longue lettre où il décrit son syndrome de stress post-traumatique, « *qui n'a pas été aidé par l'accusation d'extorsion* ». Taylor propose au magistrat une rencontre à Londres, il veut évoquer ces vingt-quatre employés du groupe qui auraient depuis Monaco, selon lui, ordonné des centaines de pots-de-vin pour remporter des marchés.

Le lanceur d'alerte et le juge ne se croiseront jamais. Une occasion ratée, car Taylor aurait sans doute trouvé une oreille attentive auprès du magistrat. Mais à cette époque, Levrault est lui-même en mauvaise posture. Convoqué, le 24 juin 2019, à une semaine des vacances, chez Laurent Anselmi, le directeur des Services judiciaires (l'équivalent monégasque du ministre de

la Justice), il apprend de la bouche de ce dernier, sans plus de cérémonie, qu'il n'est pas «*renouvelé*».

Un choc et une surprise pour le juge détaché depuis 2016 par la France. Certains magistrats exerçant en principauté sont des fonctionnaires français placés, après appels à candidatures, en application d'une convention entre les deux États, avec un mandat de trois ans, reconductible une fois. Monaco lui avait annoncé son renouvellement six mois auparavant. Pourquoi ce brutal revirement ? Mystère. Aucun grief n'est formulé ; la France, même pas informée. Le juge doit faire ses bagages le 31 août 2019, un délai trop court pour trouver une nouvelle affectation dans les temps. Mais il a compris le message : il a dérangé trop d'intérêts particuliers à Monaco.

**On retrouve Édouard Levrault, 45 ans, en octobre 2022 dans un resto de Cannes,** casque de moto à la main, grand sourire, détendu. Cheveux mi-longs coiffés en arrière, regard clair et franc, il offre la prestance d'un mousquetaire sûr de lui et l'enthousiasme de ceux qui ne dévient jamais des principes pour lesquels ils se sont engagés. Fils d'un kiné et d'une infirmière, il a grandi dans l'Ouest parisien avant d'étudier le droit privé à Assas et la criminologie à la Sorbonne, puis d'intégrer l'École nationale de la magistrature. Depuis l'automne 2019, il préside une chambre correctionnelle à Nice, mais son esprit vadrouille toujours du côté de Monaco. Difficile de mettre de la distance : il a, depuis son départ précipité, subi les foudres de son administration. Plutôt que de le soutenir, Éric Dupond-Moretti, son ministre, a ordonné une enquête administrative contre lui, et le Premier ministre de l'époque, Jean Castex, l'a traduit devant le Conseil supérieur de la magistrature, qui a finalement désavoué cette initiative et conforté le juge.

**La principauté n'est plus stigmatisée comme paradis fiscal et passe pour un État de droit. Levrault se dit qu'il y aura des blocages mais pas plus qu'en France.**

**L'homme à l'allure juvénile a tant à dire qu'il peine à attaquer ses lasagnes.** Son histoire est celle d'un magistrat sans histoire, passé par Laon et Grasse avant d'atterrir à Monaco. Pour savoir où il met les pieds, il lit l'ouvrage grinçant d'un prédécesseur, Charles Duchaine, *Juge à Monaco*, qui décrit une «*justice Canada Dry*». Il parcourt aussi le rapport de la mission parlementaire Peillon-Montebourg [sur les obstacles au contrôle et à la répression de la délinquance financière et du blanchiment de capitaux en Europe, ndlr] qui dénonçait dès 2000 un «*paradis fiscal, bancaire, fiduciaire et judiciaire*» pratiquant une «*complaisance à l'égard du blanchiment de l'argent illégal*». Pas très rassurant.

Mais la principauté n'est plus stigmatisée comme paradis fiscal et passe pour un État de droit. Levrault se dit qu'il y aura sans doute des blocages, mais pas plus qu'en France. Et les conditions sont bonnes : un salaire augmenté de 30% qui avoisine les 7000 euros mensuels net, un beau logement de fonction sur le port de Cap-d'Ail (Alpes-Maritimes) pour 500 euros par mois d'où il peut gagner ses bureaux à pied puisqu'il jouxte Monaco, des conditions de travail bien plus confortables qu'en France. La cérémonie de rentrée solennelle, à l'automne, a certes de quoi l'étonner : les juges se rendent en défilé à la cathédrale pour assister à la messe. Le catholicisme est religion d'État, comme le rappelle un crucifix dans chaque salle d'audience.

À son arrivée, le juge hérite des dossiers de son prédécesseur, dont un pan de l'affaire qui oppose l'oligarque russe Dmitri Rybolovlev, propriétaire du club de foot de l'AS Monaco, au marchand d'art suisse Yves Bouvier. «Rybo» accuse ce dernier d'escroquerie, via une surfacturation de toiles de maître qu'il lui a achetées. Bouvier conteste. Le juge Levrault instruit un dossier connexe, dans lequel le téléphone portable de l'avocate de Rybo révèle des échanges compromettants avec des policiers, magistrats, personnalités et hauts dignitaires monégasques. Y a-t-il corruption, trafic d'influence ? En septembre 2017, le magistrat perquisitionne chez le directeur des services judiciaires (le ministre de la Justice monégasque), Philippe Narmino, autrement dit son patron. «*Une forme de tabou a été franchie ce jour-là,*

## « En accomplissant cette perquisition, j'ai signifié que si des personnes de haut rang avaient des comptes à rendre à la justice, elles les rendraient. »

**ÉDOUARD LEVRAULT** EX-JUGE D'INSTRUCTION À MONACO

expliquera Édouard Levrault à l'émission de France 3 *Pièces à conviction*, en juin 2020. *En accomplissant cette perquisition, j'ai signifié que je n'entendais pas m'arrêter à la fonction de tel ou tel mais que si des personnes de haut rang avaient des comptes à rendre à la justice, elles les rendraient de la même manière que n'importe qui d'autre.* »

Révélé par la presse, le « Monacogate » entraîne le départ à la retraite anticipée du Monégasque Philippe Narmino. Le prince, lui, se réjouit d'abord : début octobre 2017 dans *Monaco-Matin*, il « *constate, comme tout le monde, que la justice monégasque fonctionne en toute indépendance* ». Albert II en veut pour preuve « *les mesures ordonnées, sans aucune ingérence extérieure* » par le juge. Tout en niant l'existence d'un « Monacogate », le prince vante l'action du magistrat, sans le nommer : « *Il faut beaucoup de courage pour mettre en lumière les manquements qu'il y a eu et oser mettre en garde à vue, ou questionner, l'équivalent du ministre de la Justice. C'est la preuve que notre justice fonctionne en toute impartialité et indépendance.* »

Le souverain, au nom duquel la justice est rendue, émet un souhait : « *Que les instructions en cours puissent aller à leur terme, de manière indépendante et impartiale, afin de faire toute la vérité sur cette affaire.* » Avec cette réflexion : « *Il ne faut pas avoir peur de la vérité, dans le respect des institutions et des principes fondamentaux qui régissent la principauté.* » Et il promet : « *Si ces investigations venaient à mettre en lumière des comportements individuels défaillants, aucun manquement ne sera toléré.* »

En novembre 2018, le juge Levrault inculpe (c'est le terme en principauté) Dmitri Rybolovlev ainsi que son avocate, l'ancien procureur général, l'ex-garde des Sceaux, l'ancien chef de la police et l'ex-ministre de l'Intérieur. Soit une bonne tranche de la chaîne pénale du micro-État. Le dossier, instruit pour « corruption active », « trafic d'influence actif » et « recel de violation du secret de l'enquête », devient explosif. Le 8 novembre 2018, une centaine de policiers mécontents manifestent sous les fenêtres du palais de justice. Problème : il n'y a à Monaco qu'un service enquêteur, la Sûreté publique. Comment demander à des policiers de mener des investigations sur leurs chefs ?

Mais même cette manif des policiers, soutenue par leur hiérarchie, ne remet pas en cause le renouvellement du juge. Monaco s'y dit favorable en décembre 2018, il n'y a plus qu'à attendre un décret français pour le confirmer. Hélas le vent tourne ! Au printemps 2019, le ministre d'État Serge Telle (l'équivalent monégasque du Premier ministre) tente, en vain, d'initier des poursuites contre le juge. Puis il avertit le prince d'une supposée « *croisade de Levrault* ». « *Présentation fallacieuse, comme chaque fois qu'un juge déçoit de vaines espérances*, commente aujourd'hui le magistrat. *Si ce n'est pas un "rouge", c'est un croisé ! Rien de bien sérieux.* »

**Sauf que ladite croisade produit son effet. Le 22 mai 2019, le prince place sous immunité l'ensemble de son cabinet** par une ordonnance souveraine. Le juge s'apprêtait à entendre son chef, désormais intouchable. Un mois plus tard, le couperet tombe : retour en France. « *Mon éviction résulte d'une décision prise par les autorités monégasques. J'imagine que ces dernières ont évalué les avantages et les inconvénients de mon départ forcé après avoir, un temps, décidé de me maintenir en fonction pour une nouvelle période.* »

À la veille de quitter son poste, le juge intègre dans le dossier 105 questions pour le prince Albert II sur son rôle éventuel dans l'affaire et sa proximité avec Rybo. La touche finale de son investigation, avant un départ teinté d'amertume. Difficile, pour un juge d'instruction, « *de mener des investigations dès lors qu'il est confronté aux réticences, aux obstructions ou à des intimidations* », commente Levrault, devant son deuxième expresso. Même si « *sont tenus publiquement des propos vertueux* » comme ceux du prince Albert, « *qui peuvent donner à croire que l'on encourage ce que l'on voudrait plutôt empêcher* ». Derrière les ambitions affichées se cache la triste réalité, comme cette « note blanche » rédigée par l'administration monégasque et transmise au ministère de la Justice à Paris, en juin 2019. Ce document anonyme et secret soutient, sans preuve, que «*l'ensemble des officiers de police judiciaire*» ont ressenti le comportement du juge comme «*autoritaire et vexatoire*». Un procédé de «*basse police illégal*», dénonce l'avocat du juge, Me François Saint-Pierre, qui saisit la Cour européenne des droits de l'homme (CEDH) d'une procédure contre l'éviction de son client.

À la différence de Taylor, le juge Levrault ne se vit pas comme un lanceur d'alerte, juste un juge qui a voulu enquêter «*sans tenir compte du rang, de la réputation, de la fonction ou de la capacité d'influence des personnes concernées*». Il a en quelque sorte servi d'alibi: son indépendance, louée en 2017 par le prince, a ensuite provoqué son éviction. Pour se justifier, le Rocher arguera a posteriori de «*graves problèmes relationnels*» qui auraient opposé le magistrat à des responsables du parquet général et de la Sûreté publique. Surtout, argumente Monaco, le renouvellement n'est pas un droit mais «*une décision totalement discrétionnaire*». Le juge n'a donc été ni «*révoqué*» ni «*chassé*».

Le concept de renouvellement pose un problème car il peut susciter une forme de complaisance. «*Notre sort est soumis au bon vouloir des autorités monégasques*, remarque Édouard Levrault. *La tentation peut être forte de "mériter" un renouvellement dont dépend notre maintien, avec les avantages qui en découlent.*» En septembre 2019, Emmanuel Macron a reconnu, par courrier au prince Albert, que le détachement de trois ans renouvelables n'était «*pas satisfaisant*», car de nature à «*fragiliser la position des magistrats*». Le président français entendait évoluer «*vers un mandat de cinq ans*» unique. Trois ans plus tard, ce souhait n'était toujours pas suivi d'effet.

À l'étroit sur ses deux kilomètres carrés pour 39000 habitants, Monaco reste un concentré de paradis pour les ultrariches. La concentration est d'abord celle de l'espace. La principauté a, à sa manière, vaincu le réchauffement climatique: la mer ne gagne pas sur la terre, c'est l'inverse. La principauté grignote sur l'eau, comme dans le futur quartier Mareterra, où elle ajoutera d'ici 2025 six hectares. Le prix au mètre carré pourrait y dépasser les 100000 euros.

**Millionaires discrets, stars du tennis ou de la F1 établissent leur adresse à Monaco. Ici les résidents ne paient pas d'impôt sur le revenu.**

Millionnaires discrets, stars du tennis ou de la F1 établissent leur adresse à Monaco – même s'ils vivent parfois ailleurs. Ici, les résidents ne paient pas d'impôt sur le revenu, sauf Français et Américains qui y restent soumis dans leur pays. En revanche, ils acquittent cher leur ticket d'entrée quand ils acquièrent des biens à 52000 euros le mètre carré, prix moyen en 2021. Les annonces de *Monaco-Matin* proposent un studio de 28 mètres carrés dans le «carré d'or» pour 1,5 million d'euros, un deux pièces de 57 mètres carrés à 2,25 millions ou un quatre pièces de 140 mètres carrés «*vue mer panoramique*» à 7,3 millions.

En 2019, l'immobilier a généré 2,8 milliards d'euros en ventes et reventes, pour cinq cents transactions dans l'année. Soit, en moyenne, plus de 5 millions d'euros par vente. Le secteur est «*particulièrement à risque*», alerte le Siccfin (Service d'information et de contrôle sur les circuits financiers), l'équivalent monégasque de Tracfin (la cellule française de renseignements financiers et de lutte contre le blanchiment et le financement du terrorisme), dans son rapport d'activité 2021. À ces prix, il est facile de blanchir «*un volume important de fonds illicites*».

À la tête du Siccfin, on trouve Michel Hunault, 62 ans, dans son modeste bureau à la moquette bleue, face à l'hôtel de ville. Le portrait en famille du prince Albert II le toise dès qu'il lève la tête. «*Depuis son avènement, le prince souverain souhaite que Monaco soit aux meilleurs standards internationaux*», résume cet ancien député français de droite (1993-2012). Et c'est là le dilemme: voilà ce que le prince désire, mais ses désirs sont-ils exaucés ? À son intronisation en 2005, le souverain avait proclamé qu'argent et vertu «*devaient se conjuguer en permanence*», rappelle le juge Levrault. «*Mais*

*il est nombre de situations où ils peinent à se concilier… D'expérience, les magistrats ne peuvent ignorer, à Monaco comme ailleurs, combien l'argent l'emporte aisément sur la vertu.»*

Michel Hunault, homme d'une grande élégance aux costumes impeccables, est en poste depuis 2019. Il reste très prudent dans son expression publique et se froisse qu'on puisse le soupçonner de langue de bois. En 2000, vice-président de la mission parlementaire sur le blanchiment, il s'était désolidarisé de la doublette Peillon-Montebourg, critiquant leur volonté de «*jeter le discrédit sur la principauté*». Pour lui, les deux députés socialistes confondaient une richesse légitime découlant d'un régime fiscal avantageux avec le recyclage de l'argent sale. Selon ses explications d'alors, la lutte contre le blanchiment était «*active*» et les déclarations de soupçons, «*généralisées*». Au point qu'il ironisait sur la conséquence de cette action «*plutôt vigilante et efficace*»: «*L'argent sale est recyclé non pas à Monaco mais… en France et plus particulièrement sur la Côte d'Azur!*»

# « D'expérience, les magistrats ne peuvent ignorer, à Monaco comme ailleurs, combien l'argent l'emporte aisément sur la vertu. »

**ÉDOUARD LEVRAULT** EX-JUGE D'INSTRUCTION À MONACO

**Le voici aux manettes de l'anticorruption monégasque,** avec une méthodologie claire: «*Pour un pays, connaître ses vulnérabilités est un préalable.*» Le Siccfin a cartographié avec précision les secteurs vulnérables. Ce que Hunault appelle «*un exercice de vérité*». Ensuite, dit-il, le Siccfin «*travaille en amont pour adapter constamment notre législation et aider le secteur privé à améliorer ses procédures*». Et il y a des failles.

Non loin de ses bureaux, du haut de Monaco-Ville, une cohorte de touristes admire en contrebas les mégayachts jouant à touche-touche dans le port. En 2019, le yachting revendiquait 753 millions d'euros de chiffre d'affaires entre les ventes et l'affrètement. Avec deux cent cinquante entreprises et mille cinq cents salariés, c'est un autre secteur vulnérable pour le Siccfin, inquiet de la «*confidentialité extrême inhérente aux clients ultimes*» qui empêche de connaître les véritables propriétaires. Et le Siccfin «*n'a pas suffisamment contrôlé ce secteur*», déplore l'Évaluation nationale des risques (ENR) de décembre 2021.

Pour ces bateaux d'ultraluxe, un client sur huit est une PPE, soit une personne politiquement exposée, ayant exercé une fonction publique importante. Beaucoup de yachts appartiennent à des personnes morales immatriculées dans des pays aux législations fiscales laxistes: Malte, îles Caïmans, îles Vierges britanniques. La moitié est vendue à distance ou via un intermédiaire, ce qui rend aléatoire l'identification des clients. Soit la même méthode que pour certains achats immobiliers où les PPE «*font souvent appel à des proches*» ou à des «*montages juridiques complexes*» pour raisons fiscales, cachant le bénéficiaire réel derrière des sociétés-écrans.

Tout aussi vulnérable est le secteur automobile. Dans les garages de la principauté, les voitures de luxe attirent toutes sortes de clients. Éric Dupond-Moretti s'y est acheté en 2013 une Maserati pour 95 000 euros, dont 20 000 en liquide, selon des révélations faites par *Mediapart* en février 2022. L'avocat n'était pas encore ministre de la Justice et la transaction, même financée par un virement venant des Seychelles, s'avère régulière. À Monaco, on peut payer jusqu'à 30 000 euros en cash.

Le Siccfin juge «*significatif*» le risque d'utilisation du commerce auto dans des stratégies de blanchiment. Mêmes craintes pour les bijoutiers, horlogers et joailliers, secteur où «*une part importante des professionnels semble peu impliquée*» dans la lutte contre le blanchiment, déplore le Siccfin.

«*Une vigilance permanente est nécessaire de la part de l'ensemble des acteurs*», professe Michel Hunault, fier d'annoncer les 685 déclarations de soupçons enregistrées en 2021, «*un nombre en constante augmentation*». Seize dossiers ont été transmis à la justice, dont quatre pour corruption active. Le Siccfin a, en plus, adressé «trente-six informations» confidentielles au parquet. Mais il n'a effectué en 2021 que vingt et un contrôles sur place. Et, alors que le système bancaire brasse 150 milliards d'euros de dépôts chaque année,

*« une majorité des sociétés de gestion ne dispose pas d'un système automatisé de surveillance des opérations »*, déplore le Siccfin. C'est pourtant une obligation réglementaire.

La principauté a une autre particularité : environ soixante agents sportifs y sont répertoriés, une profession *« en pleine croissance »*, avec un risque de blanchiment jugé *« significatif »*. Notamment parce que, lors de transferts de footballeurs, certains agents versent des rétrocessions à de nombreux intermédiaires via des itinéraires opaques. Le foot, l'autre religion d'État à Monaco.

Dmitri Rybolovlev l'a bien compris et utilisé pour tisser sa toile jusqu'au sommet du pouvoir, comme les enquêtes « Football Leaks » publiées par *Mediapart* en 2018 l'ont montré : invitations aux matchs gérées comme des sujets hautement diplomatiques, services rendus, embauches, cadeaux de vins, cigares ou caviar aux « very VIP ».

Exemple de cette promiscuité, un directeur de la Sûreté publique reçoit un samovar pour son anniversaire. Il écrit le 3 mars 2015 à l'avocate du propriétaire de l'AS Monaco : *« Merci de votre envoi qui a beaucoup touché ma sensibilité forte pour la Russie. Pouvez-vous adresser mes remerciements sincères à Dmitri Rybolovlev. Je vous assure à tous deux de ma fidélité. »*

Ces pratiques ont conduit la cour d'appel à annuler, à la fin de l'année 2019, la procédure pour escroquerie visant Yves Bouvier. Pour les magistrats, l'enquête a été *« partiale et déloyale »* car le clan Rybo a pu bénéficier *« de manière occulte »* et à l'insu du juge d'instruction de *« faveurs particulières »* des enquêteurs, du directeur de la Sûreté publique et du procureur général. Selon un policier, sa hiérarchie avait ordonné de considérer l'oligarque comme *« ultra VIP »*.

**Au temps de sa spendeur comme avocat, Éric Dupond-Moretti a beaucoup tonné contre la « justice bananière » de Monaco. Il a changé d'avis.**

**De son expérience en principauté, le juge Levrault a tiré une forme de morale,** qu'il nous livre avant d'enfourcher sa moto : *« Les États sont comme les hommes, il leur faut respecter les traités qu'ils ont signés tout en préservant leurs intérêts économiques et financiers. Souvent, le juge d'instruction se trouve à la croisée de ces chemins, révélant, par le simple exercice de son devoir, une pernicieuse ambiguïté, contraire à toutes les proclamations. »*

Au temps de sa splendeur comme avocat, Éric Dupond-Moretti a plusieurs fois tonné contre la *« justice bananière »* monégasque. Il a changé d'avis. En juin 2020, l'avocat défend le chef de la PJ du Rocher poursuivi par Levrault et s'indigne dans *Nice-Matin* après l'émission *Pièces à conviction*, où le magistrat s'est exprimé. *« Être juge d'instruction, ce n'est pas être un cow-boy »*, peste Éric Dupond-Moretti qui annonce une plainte contre le magistrat : *« Il se comporte comme un chevalier blanc. »* Édouard Levrault n'a pourtant que raconté son travail et ses embûches : *« J'aurais eu mauvaise conscience de ne pas m'exprimer, je l'aurais vécu comme une lâcheté et un manque de dignité »*, répond-il.

Un mois plus tard, à l'été 2020, le pénaliste est devenu garde des Sceaux. Il enclenche une enquête administrative contre le juge, accusé d'avoir *« manqué à ses devoirs de prudence, de délicatesse, de réserve »* et *« porté atteinte à l'image et au crédit de la justice française »* lors d'interventions dans les médias. Mauvaise idée. En septembre 2022, le Conseil supérieur de la magistrature (CSM) ne relève *« aucun manquement disciplinaire »*. Le magistrat s'est exprimé *« de façon non outrancière, sans divulguer d'information secrète, sur un sujet d'intérêt général »*. Le CSM insiste : *« Nul mieux qu'un magistrat ayant exercé à Monaco ne pouvait porter témoignage de ces conditions d'exercice [...]. Il n'a pas excédé les limites de sa liberté d'expression. »*

Comme un boomerang, la procédure se retourne contre le ministre, qui *« s'est trouvé dans une situation objective de conflit d'intérêts »* en lançant une procédure contre un juge auquel il s'était opposé en tant qu'avocat. L'ancien ténor est d'ailleurs renvoyé devant la Cour de justice de la République pour *« prises illégales d'intérêts »*. Une première pour un garde des Sceaux en exercice. A-t-il profité de sa fonction pour régler ses comptes ? Il le conteste. Mais l'affaire d'État a sauté la frontière et se poursuit côté français, comme une déclinaison de l'arroseur arrosé. XXI

**Entretien** Vincent Piolet

# « Les paradis fiscaux ont toujours l'appui d'une grande puissance »

**Monaco est-il un paradis fiscal ?**
C'est une très bonne question ! Suivant les différentes définitions d'un paradis fiscal, je répondrais : oui. Mais cela ne veut pas dire qu'il s'agit d'un paradis fiscal agressif, comme le Panamá, les îles Vierges britanniques, le Luxembourg ou Hongkong… Monaco l'est essentiellement du fait de son histoire économique, fondée sur la finance offshore. Son secteur bancaire est disproportionné. Environ 40 banques pour 40 000 habitants, dont un quart de Monégasques, c'est beaucoup.

**Il y a d'autres critères ?**
Oui, et en premier lieu, un taux d'imposition inexistant pour les personnes physiques, à part pour les Français. C'est pourquoi Johnny Hallyday voulait récupérer la nationalité belge afin de s'y installer.

**Quelle est la conséquence ?**
Un prix de l'immobilier faramineux. Qui va payer un appartement jusqu'à 100 000 euros le mètre carré ? Qu'est-ce qui justifie ce prix ? Le droit d'éviter l'impôt. Vous dépensez une fortune, mais vous la récupérez en économisant de l'impôt. Ça fait partie du modèle économique. Mais cela reste une bulle. Si jamais Monaco passe un accord avec l'Italie, pour obliger les résidents italiens à payer des impôts, le prix du mètre carré pourrait s'effondrer. Il est cependant peu probable que cela arrive. En effet, le critère essentiel, c'est la stabilité. On peut considérer le Liban ou le Liberia comme des paradis fiscaux, mais sans stabilité, les riches n'y vont pas.

**Pourquoi Monaco ne figure plus sur les listes des paradis fiscaux de l'OCDE ou du G20 ?**
Des progrès ont été réalisés, notamment sur la coopération judiciaire en cas d'enquêtes. Cela dit, les listes établies par ces institutions ne sont pas le fruit de critères techniques, mais d'une décision politique. Le Luxembourg est un paradis fiscal mais comme il est membre de l'Union européenne (UE), il n'y figure pas. Or ainsi que les « Lux Leaks » l'ont démontré, il devrait y être. Heureusement que des journalistes nous le rappellent ! C'est la même chose pour Chypre.

**Qui figure sur ces listes, alors ?**
Les pays sans appui géopolitique. Il y a eu un tournant en 2009 quand Nicolas Sarkozy, alors président de la République, avait décrété : *« Les paradis fiscaux, c'est terminé ! »* Le problème en apparence réglé – ce qui n'était bien sûr pas le cas –, seuls restaient sur les listes les Philippines, l'Uruguay, la Malaisie, le Costa Rica… Ça ne gênait personne de les pointer du doigt. Seules les ONG publient de vraies listes de paradis fiscaux. Mais elles n'ont pas beaucoup d'impact.

**Et pour la principauté de Monaco ?**
Mettre la principauté sur la liste ennuie la France. Ça a toujours été un territoire refuge, pour le franc, puis pour l'euro. C'est une longue histoire : derrière son indépendance de façade, Monaco soutient les intérêts français. Après la Seconde Guerre mondiale, des résistants français voulaient annexer la principauté, qui avait beaucoup collaboré. Le consul de France s'y est opposé : c'était contre les intérêts de la France. Ce territoire, la France sait qu'elle peut l'utiliser. Il y a eu de gros mouvements de capitaux vers Monaco au moment de la décolonisation ; et quand la gauche est arrivée au pouvoir en 1981. Cependant, aujourd'hui, les Français ne vont plus cacher leur argent à Monaco, car il existe une coopération judiciaire entre les États.

**Vincent Piolet** est chercheur associé à l'Institut français de géopolitique. Il est l'auteur de *Paradis fiscaux, enjeux géopolitiques*, paru aux éditions Technip, en 2019.

**On retrouve cette situation avec d'autres petits pays européens ?**
Oui, le Liechtenstein est très proche de l'Allemagne, le Luxembourg permet à toute l'UE de réaliser certains montages, comme Jersey et Guernesey pour la Grande-Bretagne. Les États-Unis ont le Delaware, un de leurs États. Les paradis fiscaux ont toujours l'appui d'une grande puissance.

**À chaque paradis fiscal sa spécificité ?**
Ceux qui y ont recours n'ont pas les mêmes motivations. Les multinationales veulent éviter l'impôt. Un narcotrafiquant s'en fiche de le payer, il recherche l'anonymat. Alors, les territoires s'adaptent. Chacun sa part de marché. Monaco sera plutôt pour des particuliers riches. Panamá, pour l'anonymat, comme les îles Caïmans ou les îles Vierges britanniques, car on y autorise des montages financiers sophistiqués. Cela n'empêche pas ensuite d'utiliser tous ces pays à la fois, pour brouiller les pistes.

**Comment comprendre que ce soit toléré ?**
À la base, un paradis fiscal, c'est un abus de droit : on y fait ce qui n'est pas autorisé chez les autres. Mais les pays et les multinationales ont besoin de ces transactions pour fonctionner. Parfois, elles sont liées à des financements criminels. Cela marque une limite. Des trusts qui abritent l'argent de multinationales, c'est différent d'un narco qui blanchit. Mais les deux utilisent les mêmes outils, rien ne les différencie. Tant que ces tuyaux opaques ne déstabilisent pas les autres pays, on les laisse fonctionner.

**Dans le cas contraire, on agit ?**
Ça dépend. En 2008, la crise financière a commencé par les îles Caïmans. Mais on n'est pas allé embêter les Caïmans. Pourtant, cela aurait été très facile. Si le pouvoir politique ne fait pas le ménage, c'est qu'il n'y a pas intérêt. On a préféré s'en prendre à la Grèce.

**Qu'est-ce qui pourrait faire évoluer ce système ?**
Le scandale. Quand les « Panama Papers » sortent, en 2016, on a les noms, le fonctionnement du système. Avant, on pouvait prétendre que ça n'existait pas. Là, ce n'est plus possible. Donc des mesures ont été prises. Mais le Panamá reste un des territoires les plus opaques au monde. Les États-Unis n'auraient qu'à appuyer sur un bouton pour que le pays applique les règles de bonne conduite. Mais comme les Américains ne les respectent pas chez eux...

**Quand parle-t-on d'évasion fiscale ?**
Quand Google ou McKinsey ne paient pas d'impôts dans les pays où ils exercent leur activité, c'est de l'évasion fiscale. Sauf que c'est légal. Donc, c'est un sujet politique, pas juridique. Et ça ne changera pas, malheureusement. Il y a libre circulation des capitaux, des biens et des personnes, on ne peut pas couper les tuyaux, sinon on pénalise l'économie. Il ne faut pas attendre grand-chose des organisations supranationales, comme le G20 ou l'OCDE, malgré leur bonne volonté affichée.

**Il n'y a pas de solution ?**
Si, avec la société civile, et au niveau local. On peut exiger le « reporting » pays par pays afin que le chiffre d'affaires d'une entreprise réalisé en France soit déclaré en France. Et on peut interdire aux multinationales de loger dans d'autres pays leurs résultats acquis sur notre territoire. Certaines quitteraient-elles notre pays ? Pas sûr. Cela m'étonnerait qu'elles négligent 65 millions de consommateurs.

**Propos recueillis par Michel Henry**

**En chiffres**

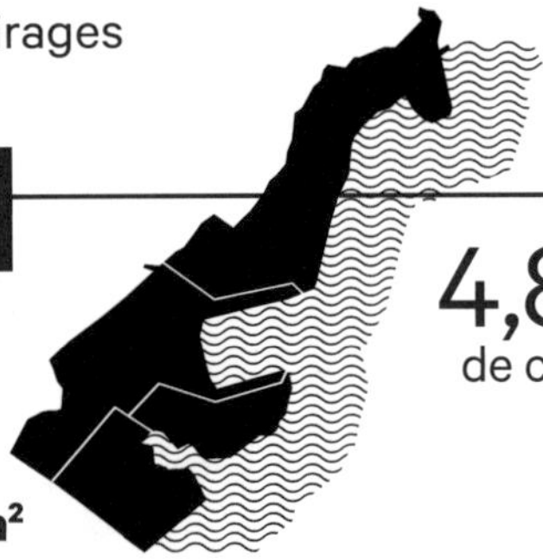

**2,8** km²

4,8 km
de côtes

**25 %**

**des résidents sont de nationalité monégasque.** Soit 9 611 habitants sur les 39 150 que comptait la principauté, fin 2021.

**62,7 %**

**des salariés (public et privé) sont français**

4 %

sont monégasques

**Pour aller plus loin**

# Blanchiment, mode d'emploi

Chaque année, le Siccfin, le service monégasque chargé de lutter contre le blanchiment, publie un rapport où il détaille – en les anonymisant – certains dossiers. Des exemples qui donnent à voir plusieurs techniques de blanchiment. Comme l'histoire de « monsieur X ».

Monsieur X dirige une entreprise de BTP à l'étranger. Des *« opérations financières atypiques »* sont détectées sur ses comptes bancaires monégasques. La cellule de renseignement financier (CRF) de la principauté relève des *« interconnexions »* lors de l'attribution de marchés publics : monsieur X reverse une partie du paiement de ses prestations à monsieur K. Titulaire de plusieurs comptes dans la même banque, monsieur K est une PPE, une personne politiquement exposée, en l'occurrence proche du président de son pays. Monsieur X alimente aussi les comptes de messieurs U et V, autres PPE. L'un d'eux travaille au ministère des Travaux publics, qui octroie justement des marchés à monsieur X : la boucle est bouclée. Interrogé, il tente de justifier les mouvements de fonds par des prêts. Mais la banque juge son explication *« peu cohérente »* : des factures mentionnent des prestations sans lien avec l'activité de ses sociétés. D'où le signalement de la banque à la CRF.

Souvent, la corruption et ses infractions connexes sont commises à l'étranger, le blanchiment final est lui perpétré en principauté, comme le montre dans le rapport du Siccfin le cas de monsieur N. Celui-ci a sollicité l'assistance d'une Company Service Provider (CSP) de Monaco afin de constituer une société offshore A, disposant de comptes bancaires à Monaco. Cette société reçoit 14 millions de dollars d'une autre société offshore, B, qui, elle, n'a pas de compte en principauté. Une partie du pactole est investie sur les marchés financiers ; 2,3 millions servent à acquérir un bien immobilier en Europe et 400 000 euros sont retirés en liquide. Monsieur N est soupçonné d'agir pour le compte de plusieurs PPE *« faisant l'objet dans leur pays d'accusations de détournements de fonds publics »*. Interrogé par sa banque monégasque, monsieur N prétexte *« une fortune héritée de [ses] parents »*, mais il est incapable de *« fournir une documentation probante »*. Ou d'expliquer la source des fonds ayant atterri sur les comptes de sa société A. Le Siccfin relève que la société B a aussi acheté pour 8 millions d'euros d'or, gardé dans un coffre hors de Monaco. Coffre loué par… une PPE pour laquelle travaille monsieur N.

Troisième technique de blanchiment, celle de cette société d'import-export d'automobiles qui reçoit 1 million de dollars sur son compte, via trois transferts en provenance de l'étranger, justifiés par la vente d'un navire de plaisance. Ils émanent d'une ancienne PPE *« qui serait visée par diverses enquêtes à l'étranger, notamment pour des faits potentiels de détournements de fonds publics, de favoritisme, de trafic d'influence et de blanchiment »*. Il s'agit là de la phase dite d'« intégration » du blanchiment, dont le but est de *« pouvoir utiliser à son profit d'éventuels capitaux acquis de façon illicite, notamment en achetant des biens de valeur »*. En 2021, le Siccfin a reçu 685 déclarations de soupçons, 16 dossiers ont été transmis à la justice. **Michel Henry**

Source : Institut monégasque de la statistique et des études économiques (Imsee)

**+74 %**

**C'est l'augmentation du prix du mètre carré à la revente**, entre 2012 et 2021

**PIB 2021**

**7,27**

**milliards d'euros**

# Les dossiers du Rocher

Pendant des mois, les publications des « Dossiers du Rocher » ont fait frémir à Monaco : des correspondances privées et documents émanant de quatre proches du prince Albert II diffusés à partir de fin 2021 par ce site Internet hébergé à l'étranger. Objectif : révéler que le quatuor réaliserait de juteuses opérations dans le dos du souverain. Les documents proviennent du piratage de la messagerie électronique de Thierry Lacoste, avocat et ami du prince. *« Tout ceci nécessite des moyens phénoménaux et interroge sur le commanditaire mais surtout sur le but de cette tentative de déstabilisation »*, a expliqué à *L'Obs* Me Marie-Alix Canu-Bernard, avocate du quatuor, qui a déposé plainte à Paris et à Monaco. Outre Thierry Lacoste, il est composé de Claude Palmero, administrateur des biens de la famille princière, Laurent Anselmi, chef de cabinet du souverain et ancien patron des services judiciaires, et Didier Linotte, président du Tribunal suprême. Dans le rôle du corbeau, la rumeur publique a désigné Patrice Pastor, richissime homme d'affaires monégasque, soupçonné de vouloir se venger de ses concurrents et d'avoir vu ses proches écartés des coulisses du pouvoir. Il conteste et a déposé plainte pour « diffamation » et « injure publique » visant à le *« décrédibiliser »*. Deux hommes soupçonnés d'avoir participé à cette campagne ont été mis en examen fin 2022 à Paris pour « recel d'atteintes à un système de traitement automatisé de données ». Des seconds couteaux, apparemment. M.H.

# À lire, à voir, à écouter

**Monaco, Luxe, crime et corruption**

de Hélène Constanty et Thierry Chavant

*Éd. du Soleil, 2021*

Ce récit graphique brosse un portrait en creux de la principauté, notamment à travers deux affaires judiciaires : l'assassinat en 2014 de la milliardaire Hélène Pastor, commandité par son gendre, et le dossier Rybolovlev.

**« Scandale à Monaco, Les Révélations d'un juge »**

Documentaire de Pascal Henry

*2020*

L'émission de France 3 *Pièces à conviction* retrace l'itinéraire du juge Édouard Levrault, qui revient sur ses trois ans comme juge d'instruction dans la principauté de Monaco, jusqu'à son départ forcé et précipité, en 2019.

MEDIAPART

**« Rybolovlev, l'homme qui voulait s'offrir un pays »**

Mediapart, 2018

À partir des documents extraits des « Football Leaks », cette enquête très détaillée, en huit volets, dévoile comment l'oligarque russe a tissé sa toile dans la principauté de Monaco.

# Les ténors du bâillon

Avec ses lois ultrafavorables aux particuliers et ses avocats « tueurs d'histoires », Londres est une place de choix pour les puissants qui veulent empêcher les journalistes d'enquêter.

**Par Édouard Perrin**
**Illustrations Candice Roger**

La scène est filmée dans la cour d'une prison russe. Des dizaines de détenus entourent un homme au crâne rasé. « *Je représente la compagnie militaire privée Wagner. Peut-être en avez-vous entendu parler* », dit-il avant d'enjoindre les prisonniers à rallier les unités de Wagner qui combattent en Ukraine. Le recruteur s'appelle Evgueni Prigojine. C'est un oligarque. En quelques heures, la vidéo, mise en ligne en septembre 2022, est devenue virale. C'est la première fois que cet homme d'affaires proche de Vladimir Poutine reconnaît publiquement contrôler le groupe Wagner. Il réfutait jusque-là tout lien avec cette société militaire privée (SMP) accusée de crimes de guerre partout où elle intervient. Face aux preuves qui s'accumulaient depuis plusieurs années sur son rôle dans Wagner,

Prigojine ne se contentait pas de nier en bloc, il poursuivait systématiquement en justice ceux qui affirmaient le contraire.

Parmi les cibles de Prigojine, les journalistes du site d'enquêtes en ligne Bellingcat ont commenté la vidéo avec ironie. Le Russe Christo Grozev a écrit sur Twitter : « *Prigojine, qui a attaqué Bellingcat en justice pour avoir écrit qu'il dirigeait Wagner, est filmé en train de recruter des prisonniers russes pour sa compagnie militaire privée.* » En 2021, le patron de Wagner a en effet porté plainte en diffamation. Mais plutôt que d'attaquer l'organisation non gouvernementale Bellingcat aux Pays-Bas, où elle est basée, il a préféré s'en prendre à titre personnel à son fondateur, Eliot Higgins, citoyen britannique résidant en Grande-Bretagne. Selon les avocats anglais de Prigojine, plusieurs tweets postés sur le compte personnel du journaliste renvoyant à des articles de Bellingcat, des contenus de la chaîne américaine CNN ou encore du magazine de référence allemand *Der Spiegel* ont causé un « *préjudice sérieux* » à la réputation de leur client. En mai 2022, l'oligarque a perdu devant la Haute Cour de Londres. Mais pour le journaliste, la victoire judiciaire a été amère. Dans un communiqué, il affirme qu'« *il est absurde qu'un individu sanctionné [dès 2020] en Grande-Bretagne, dans l'Union européenne et aux États-Unis pour ses liens avec Wagner puisse poursuivre en justice un citoyen britannique pour avoir mentionné ces mêmes liens. Les frais de justice dépensés dans cette affaire ne seront jamais récupérés, pas plus que les heures gaspillées pour répondre à cet abus du système judiciaire britannique.* » Ces ressources, poursuit le journaliste citoyen, « *auraient pu être mises à profit pour enquêter sur les atrocités de Prigojine en Ukraine* ». Pour Matthew Jury, l'avocat d'Eliot Higgins, la procédure intentée est un « *exemple flagrant de "procédure-bâillon"* ». Désignées dans le monde anglo-saxon par l'acronyme « Slapp » (dont la prononciation signifie « gifler » en anglais) pour « *strategic lawsuits against public participation* », ces poursuites n'ont d'autre objectif que d'intimider les médias afin de censurer des sujets d'intérêt public.

# « Ils vont écrire sur un ton ultra-agressif que vous n'avez rien compris, que si vous publiez cela, vous serez poursuivis. »

**RUPERT COWPER-COLES** AVOCAT SPÉCIALISTE DU DROIT DE LA PRESSE À LONDRES

**Le choix du Royaume-Uni s'explique aisément. Tout d'abord, Londres est un aimant à ultrariches.** La capitale traîne une longue tradition de tolérance et de discrétion pour les grandes fortunes, qu'elles soient douteuses ou pas. Elles trouvent de quoi s'y loger confortablement et y éduquer leurs enfants. La City est surtout au centre d'un réseau de paradis fiscaux. Jersey, îles Vierges ou Caïmans : ces territoires de la Couronne sont devenus des rouages essentiels de la finance de l'ombre et font office de « rabatteurs de capitaux » qui seront ensuite gérés par les établissements financiers de la capitale britannique. Enfin, pour préserver la confidentialité de leurs affaires et la pureté de leurs réputations, il y a les tribunaux londoniens. Leurs juges y ont le charme désuet de leurs perruques blanches et le droit qu'ils appliquent est redoutablement protecteur pour les particuliers, notamment en matière de diffamation. En droit britannique, le magistrat attend des plaignants et des défendeurs qu'ils fournissent tous les

documents lui permettant de juger sur pièces. Une procédure longue, complexe et fort coûteuse. En Grande-Bretagne, une trentaine de cabinets d'avocats sont spécialisés en droit de la presse et tous sont situés dans la capitale. En conséquence, y être poursuivi en diffamation implique de débourser des sommes colossales. Les grandes fortunes ne rencontrent aucune difficulté à embaucher les meilleurs, dont les services se facturent plus de 1 000 euros de l'heure. Rupert Cowper-Coles est un avocat spécialiste du droit de la presse à Londres. Défenseur de journalistes et d'ONG attaqués en diffamation depuis onze ans, il est familier des procédures-bâillons. « *Cela commence toujours de la même manière*, explique-t-il. *Un journaliste enquête sur une personne fortunée, découvre des éléments compromettants, une fuite de documents prouvant l'utilisation de paradis fiscaux, par exemple. Il prend contact avant publication pour poser des questions et respecter le principe du contradictoire* [qui consiste à donner à la personne mise en cause la possibilité de répondre ou présenter sa version des faits, ndlr]. *La personne visée se retourne vers un grand cabinet d'avocats, qui se met immédiatement en ordre de bataille.* » L'offensive judiciaire débute par une lettre de mise en demeure pour démentir les faits allégués. « *Ils vont écrire que vous n'avez rien compris, que si vous publiez cela, vous serez poursuivis. Ils ajouteront que vous détenez des documents volés, que c'est une violation du secret professionnel ou de la vie privée et qu'il vous faut rendre les documents à leur client, le tout sur un ton ultra-agressif.* »

**Face à cette première salve, deux réactions possibles :** « *Si vous avez la chance d'être salarié dans un grand média qui dispose d'un service juridique interne, alors vous leur transmettrez le courrier. En revanche, si vous êtes free-lance, il y a de fortes chances pour que vous* *preniez peur et que vous renonciez à publier quoi que ce soit.»* La publication déclenche la deuxième phase : une requête formelle qui établit les torts et évalue les dommages subis par le plaignant. Si l'article est retiré et des excuses, formulées, alors l'affaire s'arrête là. Dans le cas contraire, un long parcours judiciaire s'enclenchera : la complexité du dossier et l'ampleur des plaintes déposées détermineront sa durée et son coût. Des audiences préliminaires établiront formellement les plaintes et organiseront le procès à venir : le nombre de témoins et les éléments de preuve à échanger. « *C'est carte sur table*, détaille Rupert Cowper-Coles, *que les éléments aient un intérêt ou pas. Vos e-mails, vos messages sur WhatsApp, tout y passe ! Y compris divulguer vos sources dans un pays étranger. À ce stade, vous avez déjà dépensé un demi-million de livres sterling, le plaignant en aura dépensé le double, et vous n'avez même pas réuni l'ensemble des documents !* »

**Malgré les sommes faramineuses dépensées, rien ne permet de présager de l'issue du procès.** En diffamation, deux types de défense sont possibles. L'une se base sur la vérité : la cour va déterminer le sens exact des propos tenus et le défendeur devra prouver qu'ils sont vrais. La seconde ligne de défense repose sur l'intérêt public de l'enquête : le journaliste devra démontrer qu'il a fait son métier de manière responsable. Quelle que soit la stratégie retenue, la facture sera salée. Pour Rupert Cowper-Coles, « *même si vous gagnez votre procès, vous aurez dépensé autour de 2 millions de livres sterling que vous ne récupérerez pas dans leur intégralité* ». En moyenne, 75 % des frais engagés sont remboursés. Des sommes qu'il s'agit ensuite de recouvrer, ce qui est loin d'être évident. « *Ironiquement, pour mettre la main sur les fonds d'un oligarque, probablement éparpillés dans des paradis fiscaux, vous allez encore devoir dépenser de l'argent* », conclut l'avocat.

# « Même si vous gagnez votre procès, vous aurez dépensé 2 millions de livres sterling que vous ne récupérerez pas. »

**RUPERT COWPER-COLES** AVOCAT SPÉCIALISTE DU DROIT DE LA PRESSE À LONDRES

Rebaptisée « Londongrad », ou encore « Moscou-sur-Tamise » pour le nombre de riches Russes qui y résident, la capitale anglaise est la juridiction préférée des oligarques russes pour attaquer ceux qui s'intéressent de trop près à leurs affaires. En 2020, la journaliste britannique Catherine Belton publie *Les Hommes de Poutine, Comment le KGB s'est emparé de la Russie avant de s'attaquer à l'Ouest.* Fruit de sept ans de travail, cet ouvrage de référence narre l'ascension et la mainmise progressive sur l'économie russe de la garde rapprochée du maître du Kremlin liée aux services de renseignements. L'ancienne correspondante du *Financial Times* à Moscou décrit dans le détail l'étroite dépendance des oligarques envers Poutine ainsi que les schémas de corruption mis en place en Russie comme à l'étranger. En mars 2021, huit mois après la publication du livre, quatre oligarques et une entreprise déposent plainte contre la maison d'édition et contre Catherine Belton à titre personnel. Arabella Pike, éditrice chez HarperCollins, dénonce « *une opération concertée* ». L'autrice, elle, relève que « *six semaines avant les plaintes, dans une vidéo publiée en ligne, l'opposant historique de Poutine, Alexeï Navalny, a cité mon livre, en l'agitant à l'écran* ». Pour l'avocate

## Les avocats ont fait une offre à la journaliste. En échange de corrections mineures et quelques démentis, l'oligarque en resterait là.

de l'autrice, Caroline Kean, une telle offensive judiciaire est inédite par son ampleur et son calendrier. « *Le livre était sorti depuis presque un an, et juste avant le délai de prescription, toutes les plaintes sortent. Les plaignants affirment que c'est une coïncidence, mais c'est très difficile de les croire.* » Car ces procédures ont toutes été lancées par des très proches de Vladimir Poutine : comme le fondateur de la société d'investissement Alfa Group, Mikhaïl Fridman, et son partenaire Petr Aven ; Roman Abramovitch, alors propriétaire du club de football de Chelsea ; et le magnat de l'immobilier Shalva Chigirinsky. La compagnie pétrolière Rosneft, contrôlée par le Kremlin, complète le tableau. La fortune cumulée des plaignants se compte en dizaines de milliards d'euros et leur permet de recruter les meilleurs avocats de Londres pour se lancer à l'assaut des tribunaux. « *J'ai eu la chance que ma maison d'édition me défende. Rien que pour les phases préliminaires, il a fallu dépenser 1,5 million de livres* », raconte Catherine Belton.

Avec son avocate, elles vont devoir faire tomber les allégations de diffamation une par une. Pour Caroline Kean, certaines sont « *ridicules* » mais impliquent quand même d'aller devant un juge pour s'en défendre. « *Par exemple*, explique Catherine Belton, *le groupe pétrolier Rosneft prétendait avoir été diffamé parce que j'avais écrit qu'il avait pris part à l'expropriation du groupe pétrolier Ioukos. C'est insensé ! J'ai couvert cette affaire presque quotidiennement quand j'étais en poste en Russie, voilà bientôt vingt ans. Des milliers d'articles ont été publiés à ce sujet. Le dossier a même fait l'objet d'un arbitrage aux Pays-Bas. Alors prétendre que mon livre a changé quoi que ce soit est grotesque !* » La juge a fait le même raisonnement et a rejeté cette accusation. Mais elle a décidé que neuf autres passages du livre étaient diffamatoires et justifiaient donc un procès.

Fallait-il affronter les tribunaux ou plutôt négocier une sortie honorable ? Abramovitch reprochait à Catherine Belton d'avoir écrit qu'il avait « *une relation corrompue avec Poutine* ». La juge a elle estimé que l'ouvrage décrivait un Roman Abramovitch « *sous le contrôle de Poutine* », une assertion que l'oligarque aurait du mal à nier lors d'un procès. Ses avocats ont donc proposé une offre à la journaliste. En échange de corrections mineures et de quelques démentis supplémentaires, l'oligarque en resterait là. Catherine Belton assure que son dossier était solide et qu'elle aurait pu le défendre au nom de l'intérêt public lors d'un procès.

**« Refuser l'offre et continuer à se battre aurait coûté encore 2,5 millions de livres,** regrette-t-elle. *Ajoutez à cela le fait que Roman Abramovitch avait déposé la même plainte en Australie, alors qu'il n'a pas d'affaires là-bas et pas de réputation à défendre. Cela aurait coûté 2,5 millions supplémentaires. Il était hors de question de voir ma maison d'édition dépenser 5 millions de plus alors qu'on pouvait s'en sortir avec des corrections mineures qui n'altèrent en rien la substance du livre.* » L'oligarque peut se targuer d'avoir reçu des excuses de l'autrice et d'avoir obtenu que des corrections soient portées à son livre.

Catherine Belton, de son côté, s'estime satisfaite. Son livre n'a pas été retiré du marché, des pages entières n'ont pas été caviardées. Mais elle a perdu un an de sa vie professionnelle. « *L'agence Reuters, pour qui je travaillais à l'époque, m'a permis de me consacrer uniquement à ma défense tout en étant payée. Au bout de sept mois, quand j'ai réalisé que j'allais encore passer des mois à ne faire que cela, je leur ai demandé un congé sans solde. Heureusement, au bout d'un an, tout était terminé. S'il avait fallu continuer plus longtemps, j'aurais pu y laisser toutes mes économies.* » Quand on l'interroge sur les éventuelles

L'oligarque Evgueni Prigojine, aussi appelé « le cuisinier du Kremlin ».

conséquences personnelles qu'une telle épreuve judiciaire a pu entraîner, la journaliste se contente d'évoquer le devoir accompli. Son avocate, Caroline Kean, ne cache pas que les audiences sont éprouvantes. « *Les journalistes sont questionnés sur les moindres détails. Ce sont eux qui sont soumis à un interrogatoire, pas les personnes sur lesquelles ils enquêtaient. C'est très dur d'être à la barre et de répondre de quelque chose que vous avez écrit il y a longtemps, de devoir justifier l'usage d'un mot plutôt qu'un autre.* »

**Harassantes, les procédures britanniques le sont plus encore pour ceux qui n'en sont pas familiers.** Les victimes de Slapp peuvent en effet résider à des milliers de kilomètres du Royaume-Uni, écrire leurs articles dans une langue étrangère et se retrouver malgré tout convoquées devant un juge à Londres.

C'est ce qui est arrivé à Annelie Östlund et Per Agerman, des journalistes indépendants suédois qui travaillent pour Realtid, un site spécialisé dans l'information financière et basé à Stockholm. À l'automne 2020, ils commencent à s'intéresser au groupe Eco Energy World (EEW) détenu par un homme d'affaires suédois qui réside à Monaco, Svante Kumlin. Une des filiales du groupe doit être introduite en Bourse en Norvège. Les deux journalistes découvrent qu'au même moment des actions de la société mère sont mises en vente en Suède. « *Cela nous a paru étrange*, dit Per Agerman, *alors on a commencé à enquêter. Ce n'était pas un "big leak", juste le journalisme qu'on pratique tous les jours : passer les différents acteurs en revue, et voir ce qu'ils comptent faire de l'argent qu'ils lèvent.* » Avant publication, les journalistes envoient leurs questions au propriétaire du groupe. Hormis un e-mail standard les renvoyant sur le site de l'entreprise, pas de réponse. Après un premier article, ils tentent une nouvelle prise de contact pour continuer leur enquête.

## L'invasion russe de l'Ukraine en 2022 a provoqué une brutale prise de conscience sur le besoin de réformer la législation.

Cette fois, des avocats anglais leur répondent et les somment de cesser de travailler sur leur client sous peine de poursuites en diffamation à Londres. L'homme d'affaires possède en effet une société basée dans la capitale anglaise. Les journalistes continuent de publier des articles tout en échangeant avec le cabinet. « *Nous avons envoyé quasiment toute notre enquête*, explique Annelie Östlund, *un mémo de 17 pages ! Mais il n'y a jamais eu d'échange fructueux avec les avocats. Ils voulaient juste que l'on arrête. Dans chaque e-mail, ils nous menaçaient.* »

**Un mois après la publication du premier article, une assignation leur est délivrée en mains propres.** Les deux journalistes, leur rédactrice en chef et le journal en ligne sont poursuivis en diffamation par Svante Kumlin et sa société britannique. « *Dès les premières intimidations, j'avais pris contact avec des associations de défense de la presse, qui m'ont conseillé d'appeler le cabinet de Rupert Cowper-Coles* », relate Per Agerman. L'avocat fait annuler la plupart des plaintes lors de l'audience préliminaire. Mais pour trois des huit articles publiés, le juge estime qu'il faut un procès afin de déterminer s'ils ont causé un préjudice sérieux au plaignant. « *Ces journalistes sont poursuivis à Londres parce qu'ils auraient deux cents lecteurs en Grande-Bretagne*, se désole Rupert Cowper-Coles. *Ils sont Suédois, ils écrivent en suédois et n'avaient jamais imaginé être entraînés dans cette procédure qui leur coûtera beaucoup plus cher qu'en Suède.* » Les honoraires de leur conseil ont déjà dépassé les 100 000 livres. Les deux journalistes préfèrent ne pas révéler comment ils comptent financer leur défense, lors du procès qui devrait se tenir fin 2023.

L'invasion russe de l'Ukraine en 2022 a provoqué une brutale prise de conscience. Les Britanniques ont compris le besoin de modifier leur législation en matière de diffamation. Jusque-là, l'instrumentalisation des tribunaux londoniens comme armes de censure restait tolérée et peu se risquaient à citer nommément les cabinets qui y prenaient part. Le 15 mars 2022, la commission des affaires étrangères de la Chambre des Communes s'est réunie pour parler poursuites-bâillon et argent sale. Invitée à s'exprimer, Catherine Belton n'a pas mâché ses mots. Quand Tom Tugendhat, le président, lui a demandé si les tribunaux britanniques étaient des outils d'intimidation, sa réponse a été cinglante : « *Pour sûr. Comparez la couverture médiatique consacrée aux oligarques aujourd'hui à celle d'il y a deux semaines. C'est le jour et la nuit. Avant, c'était presque un règne de terreur. Vous n'entendiez jamais dire qu'Abramovitch était proche de Poutine [...]. Je ne pense pas que ce soit une coïncidence que l'enquête de Panorama* [magazine phare de la chaîne de télévision publique BBC, ndlr] *consacrée à Abramovitch expliquant comment il a fait fortune grâce à des privatisations truquées et à la corruption ait été diffusée seulement hier soir. Elle a mis excessivement longtemps.* » Le président de séance ne pourra que confirmer ce triste constat : « *Oui, j'ai moi-même été interviewé pour cette enquête... en 2018.* » Quelques minutes plus tard, à la demande du député conservateur Bob Seely, Catherine Belton a égrené les noms des cabinets impliqués dans le harcèlement des journalistes dans une longue litanie de firmes : « *Harbottle & Lewis, qui défendait Abramovitch [...] Schillings, bien connus pour leurs tactiques agressives [...] Carter-Ruck, qui représentait Timchenko, l'un des premiers Russes sanctionnés en 2014 [...] ou encore CMS, qui défendait Mikhaïl Fridman et Petr Aven.* » Le gouvernement, pressé de réagir, s'est engagé à réformer en urgence la législation. Fin 2022, une proposition de loi « anti-Slapp » a été introduite devant le Parlement. XXI

GOLD

# Au cœur des montages russes

Du Daghestan à la Côte d'Azur, l'oligarque Suleyman Kerimov voyage en yacht, jet privé ou voiture de luxe… Dans le monde de ce « Gatsby russe », très proche de Poutine, sociétés-écrans, holdings et intermédiaires s'imbriquent comme autant de matriochkas que la justice soupçonne de servir d'outils de blanchiment.

**Textes Édouard Perrin — Dessins Alex Puvilland**

LE 13 AVRIL 2022, L'AMADEA ACCOSTE DANS LE PORT DE LAUTOKA, AUX ÎLES FIDJI. LE SUPERYACHT DE 106 MÈTRES DE LONG A QUITTÉ LE MEXIQUE 18 JOURS PLUS TÔT, APRÈS AVOIR PASSÉ LE CANAL DE PANAMÁ, EN PROVENANCE DES CARAÏBES.
UNE ESCALE RAPIDE, LE TEMPS D'AVITAILLER. POUR REPRENDRE LA MER, CAP À L'OUEST.
MAIS LE JOUR MÊME, UN JUGE FÉDÉRAL AMÉRICAIN ORDONNE AUX AUTORITÉS FIDJIENNES DE SAISIR LE NAVIRE.
LE 5 MAI, LES AGENTS DU FBI PERQUISITIONNENT.
LEURS OBJECTIFS ? S'ASSURER QUE LE YACHT RESTE ENTRE LES MAINS DE LA JUSTICE AMÉRICAINE...
... ET LE FOUILLER AFIN D'IDENTIFIER SON PROPRIÉTAIRE.

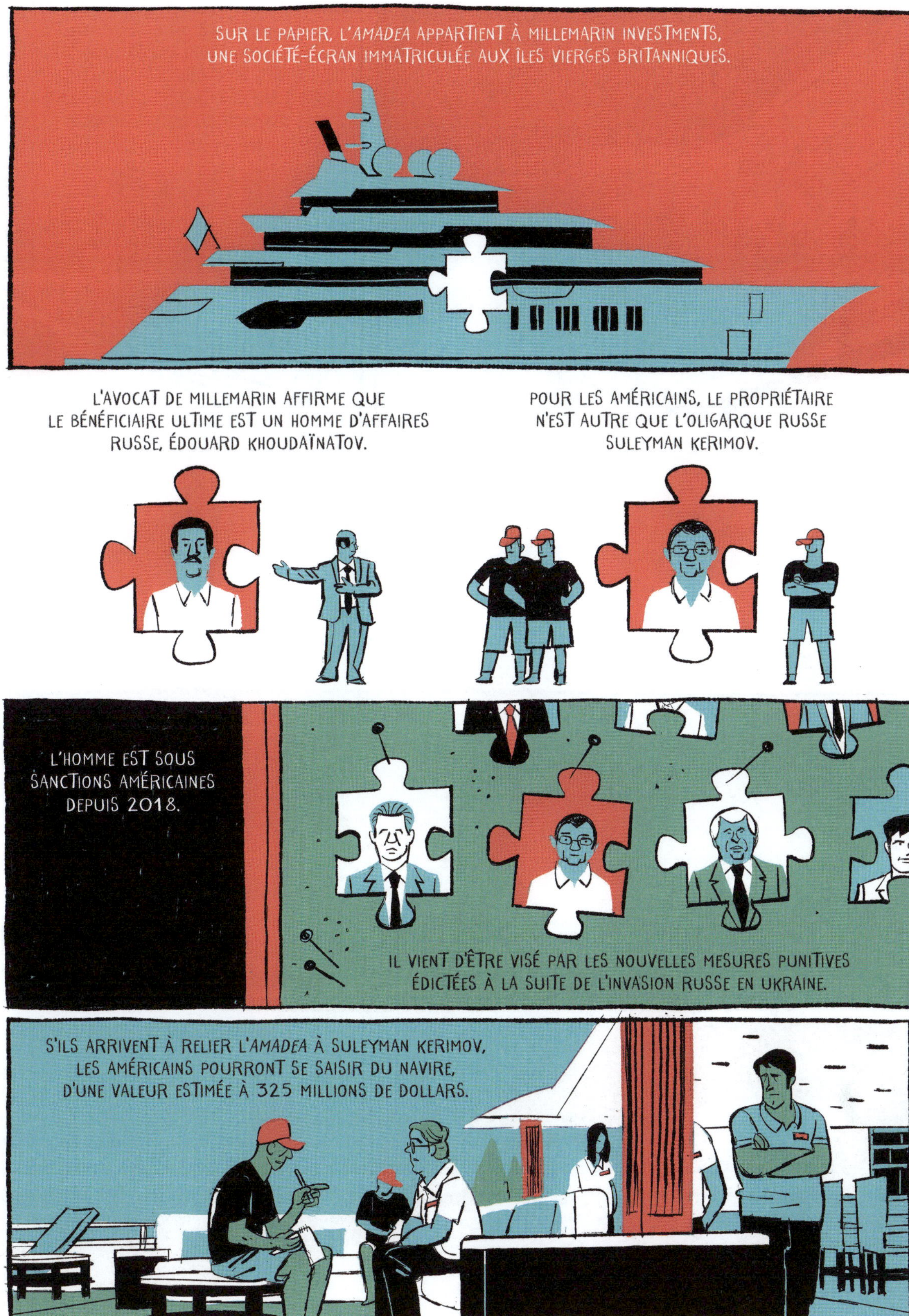
SUR LE PAPIER, L'*AMADEA* APPARTIENT À MILLEMARIN INVESTMENTS, UNE SOCIÉTÉ-ÉCRAN IMMATRICULÉE AUX ÎLES VIERGES BRITANNIQUES.
L'AVOCAT DE MILLEMARIN AFFIRME QUE LE BÉNÉFICIAIRE ULTIME EST UN HOMME D'AFFAIRES RUSSE, ÉDOUARD KHOUDAÏNATOV.
POUR LES AMÉRICAINS, LE PROPRIÉTAIRE N'EST AUTRE QUE L'OLIGARQUE RUSSE SULEYMAN KERIMOV.
L'HOMME EST SOUS SANCTIONS AMÉRICAINES DEPUIS 2018.
IL VIENT D'ÊTRE VISÉ PAR LES NOUVELLES MESURES PUNITIVES ÉDICTÉES À LA SUITE DE L'INVASION RUSSE EN UKRAINE.
S'ILS ARRIVENT À RELIER L'*AMADEA* À SULEYMAN KERIMOV, LES AMÉRICAINS POURRONT SE SAISIR DU NAVIRE, D'UNE VALEUR ESTIMÉE À 325 MILLIONS DE DOLLARS.

CES DERNIERS SONT DÉSIGNÉS PAR UN CODE :

G-0 POUR SULEYMAN, G-1 POUR SA FEMME, G-2 POUR SON FILS, G-3 POUR SA FILLE.

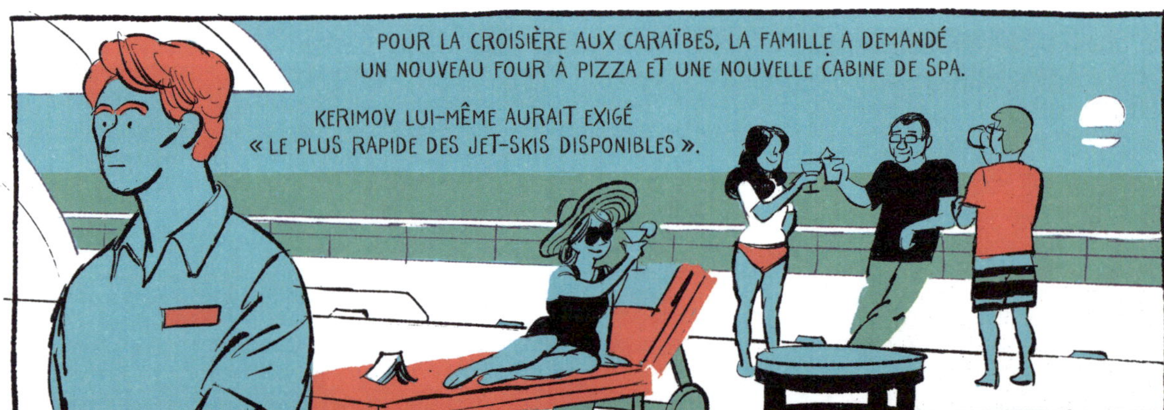

À L'IMAGE DU RESTE DE LA FORTUNE DE L'OLIGARQUE, L'*AMADEA* EST ENTOURÉ D'UN OPAQUE VOILE DE MYSTÈRES, DONT CERTAINS MÈNENT VERS LA FRANCE…
OÙ TOUT COMMENCE, EN 2013, PAR UNE ÉCOUTE DANS UNE BANALE AFFAIRE DE STUPÉFIANTS, À NICE.

LES POLICIERS INTERCEPTENT UNE CONVERSATION ENTRE UNE SECRÉTAIRE ET SON PATRON.
IL S'APPELLE STÉPHANE CHIAVERINI. IL EST AVOCAT.
SELON LES ENQUÊTEURS, CE SPÉCIALISTE DES MONTAGES OFFSHORE AIDERAIT SES CLIENTS À DISSIMULER LEUR ARGENT AU FISC.

PARMI EUX, UN CERTAIN PHILIPPE BORGHETTI.
SON PÈRE, JACQUES, FONDATEUR DE RENAULT FINANCE EN SUISSE…
… EST PROPRIÉTAIRE DEPUIS LES ANNÉES 1970 D'UNE SOMPTUEUSE DEMEURE DU CAP D'ANTIBES, LA VILLA « HIER ».

LE DOCUMENT MENTIONNE UN ÉNORME DESSOUS-DE-TABLE PAYÉ PAR L'OLIGARQUE.

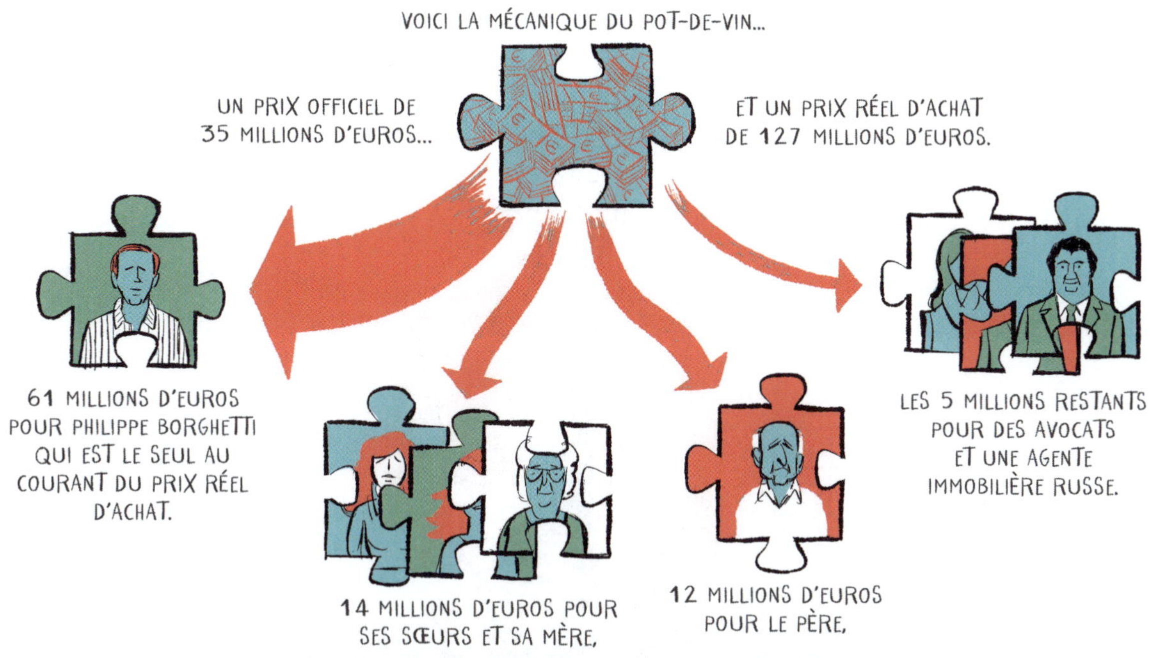
VOICI LA MÉCANIQUE DU POT-DE-VIN...
UN PRIX OFFICIEL DE 35 MILLIONS D'EUROS...
ET UN PRIX RÉEL D'ACHAT DE 127 MILLIONS D'EUROS.
61 MILLIONS D'EUROS POUR PHILIPPE BORGHETTI QUI EST LE SEUL AU COURANT DU PRIX RÉEL D'ACHAT.
14 MILLIONS D'EUROS POUR SES SŒURS ET SA MÈRE,
12 MILLIONS D'EUROS POUR LE PÈRE,
LES 5 MILLIONS RESTANTS POUR DES AVOCATS ET UNE AGENTE IMMOBILIÈRE RUSSE.

POURQUOI PAYER CETTE VILLA PRÈS DE QUATRE FOIS SON PRIX ?
MÊME SI LE PRIX OFFICIEL ÉTAIT FORTEMENT SOUS-EVALUÉ, LA RÉPONSE TIENT, COMME SOUVENT DANS L'IMMOBILIER, À SA LOCALISATION.
LE CAP D'ANTIBES EST UN LIEU PARTICULIER.
UN PARADIS DONT LES OLIGARQUES RUSSES ONT FAIT LEUR BASTION.
CETTE LUXUEUSE VILLA, AVEC PISCINE ET PARC ARBORÉ DE 11 600 M², A AUSSI SA CRIQUE PRIVÉE ET SON DÉBARCADÈRE. UN MUST-HAVE POUR TOUT OLIGARQUE QUI SE RESPECTE.
VILLA HIER

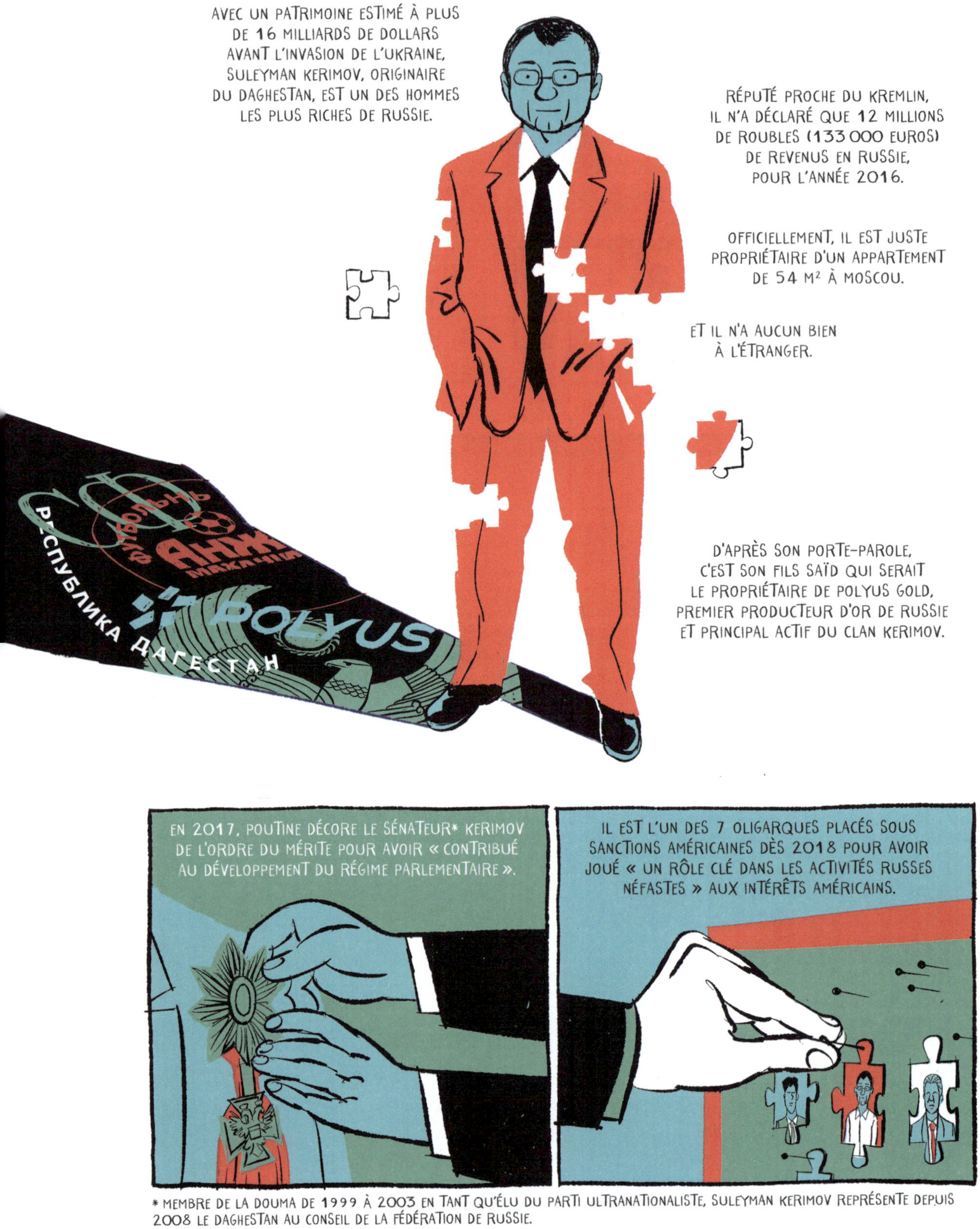


* MEMBRE DE LA DOUMA DE 1999 À 2003 EN TANT QU'ÉLU DU PARTI ULTRANATIONALISTE, SULEYMAN KERIMOV REPRÉSENTE DEPUIS 2008 LE DAGHESTAN AU CONSEIL DE LA FÉDÉRATION DE RUSSIE.

LA CARRIÈRE DE KERIMOV A DÉCOLLÉ AVEC L'ACHAT DE LA SOCIÉTÉ DE TRADING PÉTROLIER NAFTA MOSKVA.
НАФТА МОСКВА
MAIS SA FORTUNE A ESSENTIELLEMENT ÉTÉ CONSTRUITE « SUR DU PAPIER ».
C'EST EN EFFET GRÂCE À DES PRÊTS DE BANQUES PROCHES DU POUVOIR QU'IL A PU ACQUÉRIR DES PARTICIPATIONS DANS D'AUTRES SOCIÉTÉS.
URALKALI
PARTICIPATIONS DONT LA VALEUR A ENSUITE EXPLOSÉ, LE PROPULSANT À LA TÊTE D'UNE IMMENSE FORTUNE.
GAZPROM
EN 2013, POUR RESPECTER UNE NOUVELLE LOI RUSSE ANTICORRUPTION ET POUVOIR RESTER SÉNATEUR, KERIMOV TRANSFÈRE LA QUASI-TOTALITÉ DE SES AVOIRS À SON FILS, VIA UNE FONDATION.
COMME D'AUTRES OLIGARQUES, KERIMOV EST SOUPÇONNÉ DE PORTER D'AUTRES INTÉRÊTS QUE LES SIENS : CEUX DU POUVOIR RUSSE.

KERIMOV APPARTIENT AU PREMIER CERCLE DU POUVOIR : CES OLIGARQUES QUI FINANCERAIENT LE RÉGIME PAR LE BIAIS DE SOCIÉTÉS-ÉCRANS.
EN 2016, LES « PANAMA PAPERS » RÉVÈLENT L'EXISTENCE D'UN EMPIRE RUSSE OFFSHORE, LA « MACHINE À CASH » DU CLAN POUTINE.
À SA TÊTE, SERGEÏ ROLDOUGUINE.
IL N'EST PAS BANQUIER, MAIS VIOLONCELLISTE VIRTUOSE. IL EST SURTOUT L'AMI D'ENFANCE DE VLADIMIR POUTINE.
SOUS SES APPARENCES MODESTES, LE MUSICIEN SERAIT L'INTERMÉDIAIRE DES TRANSACTIONS SECRÈTES ENTRE LE KREMLIN ET LES OLIGARQUES.
D'APRÈS LES « PANAMA PAPERS », SULEYMAN KERIMOV AURAIT VERSÉ AU MOINS 200 MILLIONS DE DOLLARS ENTRE 2007 ET 2011 À CELUI QU'ON SURNOMME « LE PORTEFEUILLE DE POUTINE ».

POUR LES ENQUÊTEURS FRANÇAIS, AU-DELÀ DU SIMPLE COUP IMMOBILIER, L'ACHAT DE LA VILLA « HIER » SERAIT SURTOUT UNE GIGANTESQUE OPÉRATION DE BLANCHIMENT.
IL Y A DES FONDS QUI SONT SORTIS DE MANIÈRE TOTALEMENT OCCULTE DE RUSSIE.
L'OPÉRATION SUR LA CÔTE D'AZUR VISAIT À FAIRE RENTRER UNE QUANTITÉ CONSIDÉRABLE D'ARGENT.
JEAN-MICHEL PRÊTRE, PROCUREUR DE LA RÉPUBLIQUE DE NICE, EN 2017.
D'APRÈS LES POLICIERS, DE 500 MILLIONS À 750 MILLIONS D'EUROS AURAIENT ÉTÉ BLANCHIS EN FRANCE PAR KERIMOV DANS DES OPÉRATIONS IMMOBILIÈRES ENTRE 2010 ET 2017.

NOVEMBRE 2017.
LE PARQUET DE NICE FAIT ARRÊTER KERIMOV À LA DESCENTE DE SON JET PRIVÉ À NICE.
ON FRÔLE L'INCIDENT DIPLOMATIQUE AVEC LA RUSSIE QUI CLAME EN VAIN QUE SON ARRESTATION VIOLE SON IMMUNITÉ DIPLOMATIQUE DE SÉNATEUR.

DANS LE PETIT MONDE DES OLIGARQUES, C'EST UN COUP DE TONNERRE, LE SIGNE QUE LES TEMPS CHANGENT, MÊME SUR LA RIVIERA...

SULEYMAN KERIMOV EST MIS EN EXAMEN POUR « BLANCHIMENT AGGRAVÉ DE FRAUDE FISCALE » MAIS AUSSITÔT LIBÉRÉ MOYENNANT UNE CAUTION RECORD DE 40 MILLIONS D'EUROS.
POLICE
LES ENQUÊTEURS SE PENCHENT ALORS PLUS EN DÉTAIL SUR LES QUATRE VILLAS QUE POSSÈDE L'OLIGARQUE AU CAP D'ANTIBES.
HIER
FIORELLA
LEXA
MEDY ROC
TOUTES ONT ÉTÉ ACQUISES PAR DES SOCIÉTÉS OFFSHORE GÉRÉES PAR UN CITOYEN SUISSE, UN CERTAIN ALEXANDER STUDHALTER.
IL SERAIT SEUL ACTIONNAIRE ET SEUL BÉNÉFICIAIRE DE LA SOCIÉTÉ SUISSE SWIRU HOLDING AG...
SWIRU HOLDING
... QUI DÉTIENT LES SOCIÉTÉS LUXEMBOURGEOISES, ELLES-MÊMES PROPRIÉTAIRES DES VILLAS.
IL AFFIRME EN ÊTRE LE SEUL PROPRIÉTAIRE.
KERIMOV N'EN SERAIT QUE LE LOCATAIRE.
CETTE DÉFENSE NE CONVAINC PAS LE JUGE D'INSTRUCTION. ALEXANDER STUDHALTER EST PLACÉ EN DÉTENTION PROVISOIRE, EN JANVIER 2018.
MAISON D'ARR
DE
GRASSE
POUR L'ACCUSATION...
STUDHALTER A PARTICIPÉ DE MANIÈRE TOTALEMENT CONSCIENTE À L'OPÉRATION...
... Y COMPRIS POUR DISSIMULER L'IDENTITÉ DE KERIMOV.
JEAN-MICHEL PRÊTRE

* SPÉCIALISÉ DANS LA PRODUCTION ET LA VENTE D'OUTILLAGE INDUSTRIEL.

LE TROPISME RUSSE N'EST PAS NOUVEAU DANS LA FAMILLE STUDHALTER.
KGB
PENDANT LA GUERRE FROIDE, RUDOLF, LE PÈRE, A DÉVELOPPÉ DES CONNEXIONS AVEC L'URSS, COMME LE RAPPORTE LE *WASHINGTON POST*, DÈS 1993.
IL FOURNIT SON EXPERTISE JURIDIQUE ET FINANCIÈRE À LEONID VESELOVSKY, UN AGENT DU KGB.
VESELOVSKY ÉTAIT SPÉCIALISÉ DANS LE FINANCEMENT OCCULTE DES PARTIS COMMUNISTES OCCIDENTAUX.
APRÈS LA CHUTE DU MUR, POUR LE KGB, IL SERA L'ARCHITECTE D'UN RÉSEAU D'« ÉCONOMIE INVISIBLE » DESTINÉ À DISSIMULER À L'OUEST LES AVOIRS DU PARTI.
CE RÉSEAU DEVAIT PERMETTRE AUX SERVICES SECRETS RUSSES DE CONTINUER À FINANCER LEURS ACTIVITÉS MALGRÉ LA DÉLIQUESCENCE DU POUVOIR.

* « ARGENT RUSSE ET MÉGABLANCHIMENT SUR LA CÔTE D'AZUR », 17 JANVIER 2018.

* INTERNATIONAL CONSORTIUM OF INVESTIGATIVE JOURNALISTS. ** PUBLIÉE EN 2020 À LA SUITE D'UNE FUITE DE DOCUMENTS DU FINANCIAL CRIMES ENFORCEMENT NETWORK (FINCEN), CETTE ENQUÊTE A RÉVÉLÉ COMMENT LES BANQUES MONDIALES FERMENT LES YEUX SUR LES MOUVEMENTS D'ARGENT SALE.

AU CENTRE DE L'ENQUÊTE SE TROUVE LA NUÉE DE SOCIÉTÉS OFFSHORE GÉRÉES PAR SWIRU HOLDING ET LEURS ACTIONNAIRES « SUR LE PAPIER ».
SWIRU HOLDING
À L'INSTAR DE CE TATOUEUR DE LUCERNE, DONT LA COMPAGNE TRAVAILLE POUR LE GROUPE STUDHALTER, IL DÉTIENT LA SOCIÉTÉ FLETCHER VENTURES BASÉE AUX ÎLES VIERGES BRITANNIQUES (BVI) ET ADMINISTRÉE PAR SWIRU HOLDING.
FLETCHER VENTURES
SELON RADIO FRANCE, « EN 2013, FLETCHER VENTURES VIRE 100 MILLIONS DE DOLLARS DE LA LETTONIE VERS LE COMPTE SUISSE DE LT TRADING, AUTRE SOCIÉTÉ BASÉE AUX BVI ».
$100 MILLIONS
LT TRADING
« LA MÊME ANNÉE, FLETCHER VENTURES ENVOIE 202 MILLIONS DE DOLLARS À LA SOCIÉTÉ LLC GILIA, BASÉE, ELLE, À MOSCOU. »
$ 202 MILLIONS
LLC GILIA
« DANS LES DEUX CAS, L'ARGENT BÉNÉFICIE À DES SOCIÉTÉS LIÉES À SULEYMAN KERIMOV. »
NARIMAN GADZHIEV
LT TRADING EST DÉTENUE PAR NARIMAN GADZHIEV, NEVEU DE L'OLIGARQUE RUSSE.
LLC GILIA
MILLENIUM GROUP
LLC GILIA A LA MÊME ADRESSE QUE D'AUTRES ENTREPRISES PROPRIÉTÉS DE SULEYMAN KERIMOV.

* CES PROPOS D'ALEXANDER STUDHALTER ONT ÉTÉ RECUEILLIS PAR RADIO FRANCE.

BARCLAYS
CREDIT SUISSE
SOCIÉTÉ GÉNÉRALE PRIVATE BANKING
LES BANQUES IMPLIQUÉES DANS LES ACHATS DES VILLAS ONT CERTIFIÉ, DOCUMENTS À L'APPUI, QUE L'OLIGARQUE KERIMOV ET/OU SON NEVEU NARIMAN GADZHIEV ÉTAIENT LES BÉNÉFICIAIRES ÉCONOMIQUES DE CETTE HOLDING...
ET DONC LES PROPRIÉTAIRES DES VILLAS.
ET CES DOCUMENTS NE MANQUENT PAS...
UNE DÉCLARATION DE TRUST SIGNÉE PAR ALEXANDER STUDHALTER ATTESTANT QU'IL DÉTIENT LES ACTIONS DE SWIRU POUR LE COMPTE DE L'OLIGARQUE RUSSE ET/OU SON NEVEU.
DES ATTESTATIONS SIGNÉES PAR CES DERNIERS EN TANT QUE BÉNÉFICIAIRES DES SOCIÉTÉS,
DES E-MAILS DÉSIGNANT SULEYMAN KERIMOV COMME « LE BOSS » PAR LES EMPLOYÉS DES VILLAS.
Said's Bedroom
LES PLANS DE LA RÉNOVATION DE LA VILLA « MEDY ROC » PORTENT MÊME LES PRÉNOMS DES ENFANTS DE KERIMOV.

* CES PROPOS D'ALEXANDER STUDHALTER ONT ÉTÉ RECUEILLIS PAR RADIO FRANCE.

* UN DES 14 CABINETS D'AVOCATS IMPLIQUÉS DANS LES « PANDORA PAPERS », DONT SONT ISSUES LES DEUX LETTRES.

GULNARA KERIMOVA APPARAÎT DANS L'AFFAIRE DES VILLAS DE LA CÔTE D'AZUR QUAND ELLE EN DEVIENT PROPRIÉTAIRE OFFICIELLE EN AVRIL 2021, APRÈS AVOIR PRIS LE CONTRÔLE DE SWIRU HOLDING.

LA MAJORITÉ DE CETTE SOMME LUI A ÉTÉ FOURNIE PAR LE PRODUCTEUR D'OR RUSSE POLYUS, PROPRIÉTÉ DE SON FRÈRE SAÏD.

* EUROPÉENNES OU AMÉRICAINES. ** PROPOS RECUEILLIS PAR LE JOURNALISTE ABDELHAK EL IDRISSI.

* LA CELLULE ANTIBLANCHIMENT DE BERCY.

**Pour aller plus loin**

# De la kleptocratie comme arme de guerre

Quelques mois avant la fin de l'Union soviétique en 1991, le Comité central du Parti communiste a ordonné aux services de renseignements russes la création de structures financières destinées à piller les richesses du pays et à les transférer à l'étranger. Selon une commission d'enquête parlementaire russe, le KGB a créé en quelques mois plus de six cents banques dans la Fédération de Russie, et autant dans les pays occidentaux. Grâce aux réseaux clandestins établis pendant toute la guerre froide, à l'expertise acquise dans la finance offshore et avec l'appui du crime organisé, les « hommes de l'ombre » ont profité du chaos ambiant pour exfiltrer des dizaines de milliards de dollars. Hébergé dans des « entreprises amies », ce trésor va aider les héritiers du KGB à pérenniser les activités clandestines du service à l'étranger et à prendre le contrôle de vastes pans de l'économie russe. Leur but ultime est de pouvoir rendre à la Russie son statut de puissance mondiale. Tandis que les Occidentaux envoyaient à Moscou des comptables et des économistes censés apprendre aux Russes les rudiments de l'économie de marché, le réseau mettait à profit sa fine connaissance de l'économie souterraine pour commencer à blanchir son magot à l'Ouest. Les fortunes fulgurantes accumulées par des oligarques dans les années 1990 font partie du plan. Ils ont pu acquérir à vil prix des pans entiers de l'économie russe, notamment dans les secteurs dits stratégiques. Certes, en quelques années, ces hommes d'affaires étaient devenus richissimes mais il leur fallait impérativement participer à l'« obshchak », un terme argotique désignant la caisse de solidarité de la pègre russe, un système de caisse noire. Ceux qui ont voulu passer outre ont fini en prison, en exil ou sont morts. Tout au long de sa carrière politique, Poutine saura faire fructifier les réseaux et les méthodes développés lorsqu'il était officier du KGB. Une fois arrivé au sommet, et après avoir mis au pas les oligarques, il va laisser ses affidés lancer une série d'opérations majeures de blanchiment d'argent. L'affaire du « Mirror Trading » à la Deutsche Bank, celle de la « laverie moldave » ou plus récemment le scandale de la Danske Bank au Danemark : toutes ont en commun d'avoir permis à l'argent sale russe d'être recyclé par des banques occidentales. À elle seule, la plus grande banque danoise est accusée d'avoir blanchi, entre 2007 et 2015, 200 milliards de dollars via sa filiale estonienne. Longtemps les Occidentaux n'y verront que le clinquant des yachts et des hôtels particuliers. Pourtant l'essentiel du cash est destiné à des investissements moins ostentatoires, mais beaucoup plus dangereux. Ils vont aider Moscou dans la bataille pour le *soft power* mondial qui s'annonce. Pour le pouvoir russe, l'économie souterraine est une arme stratégique pour permettre à la Russie de prendre enfin sa revanche. À la différence d'une bombe atomique, elle est utilisable tous les jours pour miner les démocraties occidentales sans même que celles-ci s'en rendent compte. Sous la forme de « think tanks » amis, de faux experts, ou du financement de partis politiques populistes – comme le prêt accordé au Front national (renommé depuis Rassemblement national) en 2014 –, partout l'argent russe pénètre et diffuse sa propagande. Le vote pro-Brexit au Royaume-Uni et les élections américaines de 2016 ont commencé à dessiller les yeux des Occidentaux. Une prise de conscience tardive au regard des avertissements de certains. Comme ceux lancés par Sergeï Tretyakov, un colonel du renseignement extérieur russe, qui a fait défection en 2000. *« Vous êtes très naïfs au sujet de la Russie et de ses intentions*, prévenait-il en 2008. *Vous croyez que parce que l'Union soviétique n'existe plus, alors la Russie est maintenant votre amie. Ce n'est pas le cas. Aujourd'hui, les services russes essaient de détruire les États-Unis beaucoup plus encore que le KGB ne l'a fait durant la guerre froide. »* **Édouard Perrin**

**En coulisses**

# Dessine-moi un oligarque

**Lorsqu'il apparaît sur les radars du Consortium international des journalistes d'investigation (ICIJ) au moment des « Panama Papers » en 2016, l'élusif Suleyman Kerimov n'est qu'un riche Russe parmi d'autres. Pourtant, deux ans plus tard, il figure avec six autres oligarques sur la liste des personnes sanctionnées par les États-Unis pour avoir, selon le Trésor américain, *« bénéficié du régime de Poutine et joué un rôle clé dans la promotion des activités malveillantes de la Russie »*. En France, les autorités le soupçonnent de blanchiment et de fraude fiscale. Quand, avec d'autres journalistes qui enquêtent sur les « Pandora Papers » en 2021, je découvre des centaines de documents le mentionnant lui et ses sociétés, je crois pouvoir en faire le personnage central d'un documentaire. Ses relations avec le Kremlin, ses activités immobilières sulfureuses sur la Côte d'Azur et l'écheveau financier de ses sociétés gérées via la Suisse : tous les ingrédients d'un bon thriller politico-financier semblent réunis. Las ! Tirer le portrait de Suleyman Kerimov pour la télévision s'est avéré plus dur que prévu, et le film n'a pas vu le jour. Faute d'images, notamment. En 2022, l'invasion russe en Ukraine suscite de nouvelles enquêtes judiciaires et journalistiques. Elles jettent encore un éclairage sur la « galaxie Kerimov » et ses ramifications, et réveillent mon intérêt pour le personnage. Puisqu'il était si difficile de filmer son histoire, pourquoi ne pas la dessiner ?** E.P.

## À lire, à voir

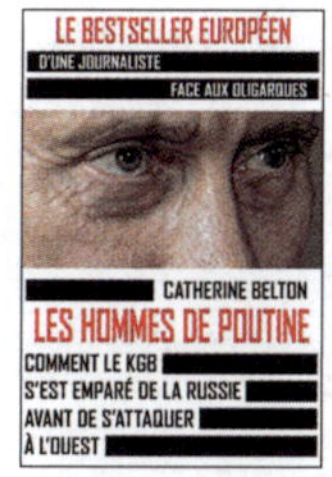


**Les Hommes de Poutine, Comment le KGB s'est emparé de la Russie avant de s'attaquer à l'Ouest**

de Catherine Belton

*Éd. Talent, 2022*

Le récit glaçant de la façon dont l'argent sale russe influence le monde.

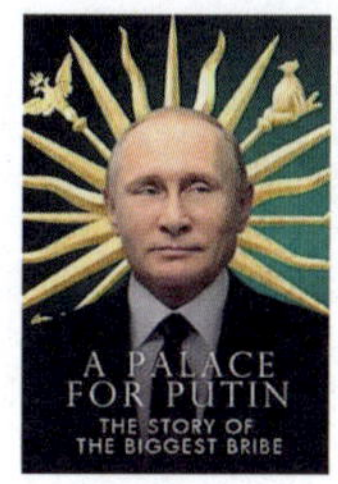


**Un palais pour Poutine : l'histoire du plus gros pot-de-vin**

d'Alexeï Navalny

*Youtube, 2021*

À travers l'histoire d'une résidence de luxe au bord de la mer Noire, le documentaire de l'opposant russe raconte le système de corruption à grande échelle du président russe.

france•tv

**« Oligarques, les parias de l'Europe »**

de Romain Boutilly, Olivier Gardette et Mikaël Bozo

*France 2, 2002*

Yachts, villas ou jets privés... Sur les rives de la Méditerranée, le magazine *Envoyé spécial* s'est penché sur les luxueux avoirs des ultrariches russes.

Est-ce de l'art ou du pognon ? Pour le commun des mortels, qui voit les tableaux au musée, cacher une toile de maître est une hérésie. Mais – en bel outil de blanchiment – nombre d'œuvres ne sont plus jamais exposées. Elles passent discrètement de l'ambiance feutrée des salles de ventes à l'ombre de ports francs sans âme, revendues sur un marché devenu aussi opaque que les paradis fiscaux.

**Par Pierre-Antoine Souchard**
**Illustrations Matthias Arégui et Anne-Margot Ramstein**

# L'art de l'évasion

New York, 5 novembre 2013. Au 20, Rockefeller Plaza, dans ce luxueux immeuble où est installée Christie's, la maison de vente détenue par François Pinault organise les enchères de trente-cinq œuvres modernes et impressionnistes. Des peintures de Paul Signac, Pablo Picasso, Paul Klee, Claude Monet, Marc Chagall... des sculptures d'Edgar Degas, Henry Moore ou encore Jean Arp. Dans l'une des *skybox*, ces loges à l'usage d'une clientèle fortunée qui souhaite enchérir sans être vue, c'est l'effervescence. Une petite encre de Vincent Van Gogh, *La Maison de Vincent à Arles*, estimée entre 2,5 millions et 3,5 millions de dollars, est l'objet d'une âpre bataille. Lorsque le marteau du commissaire-priseur s'abat pour clore les enchères, le prix du dessin s'envole à 5 485 000 dollars, soit près du double de son estimation. Dans la loge, l'excitation est à son comble. Et pour cause, l'acquéreur du dessin s'y trouve. Il s'appelle Low Taek Jho. Ce soir-là, la vente organisée par Christie's totalise près de 145 millions de dollars.

Low Taek Jho, surnommé Jho Low, est un jeune homme d'affaires malaisien, flambeur, proche du Premier ministre alors en place dans son pays. Visage poupin barré d'une paire de lunettes, rondouillard, il est au cœur de l'un des plus grands scandales financiers du XXIe siècle : le détournement de plus de 3 milliards de dollars du fonds souverain malaisien 1MDB (1Malaysia Development Berhad), destiné au développement du pays, entre 2009 et 2014.

Avec des complices, il a blanchi des centaines de millions aux États-Unis dans des œuvres d'art, objets de luxe, immeubles. Il a aussi investi dans le cinéma en coproduisant *Le Loup de Wall Street*, avec Leonardo DiCaprio dans le rôle principal et Martin Scorsese à la mise en scène.

**Rembobinons un peu. En 2013, à tout juste 31 ans, Jho Low mène grand train.** Il adore se faire prendre en photo avec des stars, qu'il rémunère grassement pour assister à ses soirées dispendieuses, comme Paris Hilton, Leonardo DiCaprio ou le top model australien Miranda Kerr.

Début mai, l'un des associés du jeune financier ouvre un compte chez Christie's à New York via l'une de leurs sociétés, Tanore Finance Corporation, alimentée par les fonds détournés de 1MDB. Quelques jours plus tard, notamment lors d'une vente caritative, celle-ci acquiert cinq œuvres pour 58 348 750 dollars. Parmi elles, *Dustheads* de Jean-Michel Basquiat, 48 843 750 dollars, et deux mobiles d'Alexander Calder, *Sans titre* et *Tic Tac Toe*, respectivement 5 387 750 et 3 035 750 dollars.

Trois semaines plus tard, l'entreprise s'offre des œuvres de deux artistes majeurs du XXe siècle : Lucio Fontana et Mark Rothko, pour un total de 79 500 000 dollars. Entre mai et septembre, Tanore va acheter pour 137 millions de dollars d'œuvres d'art. Notre esthète a-t-il une appétence pour la peinture ? La réponse se trouve dans l'e-mail d'un employé de chez Christie's lors de la réservation de la *skybox* pour la vente du 5 novembre : *« Il vaut mieux que cela ressemble au palais de César [sic] là-dedans [...] La loge est presque plus importante pour le client que l'art. »*

Dans sa frénésie d'achats, celui qui est aujourd'hui recherché par plusieurs polices va ensuite s'offrir deux Claude Monet. *Saint-Georges-Majeur au crépuscule*, qui a appartenu à l'Art Institute de Chicago, et *Nymphéas avec reflets de hautes herbes*, respectivement 35 millions et 57 millions de dollars. Toutes les toiles de Jho Low ont été entreposées au port franc de Genève.

En avril 2014, le jeune homme a besoin de cash. Il va gager une douzaine d'œuvres, dont le Van Gogh, les Monet, le Basquiat. Mais, cette fois-ci auprès de la grande maison concurrente : Sotheby's. En échange des œuvres estimées entre 191 millions et 258 millions de dollars, il obtient un prêt de 107 millions de dollars. Celui-ci est viré sur le compte d'une société offshore, Triple Eight Ltd., qu'il contrôle aux îles Caïmans. Ce procédé, considéré comme un classique du blanchiment, lui permet de récupérer de l'argent propre en nantissant des œuvres achetées avec l'argent détourné. Aux États-Unis, les maisons de vente et établissements spécialisés offrant ce type de prêts en gage ne sont pas, contrairement aux banques, assujettis aux exigences de la lutte contre le blanchiment. Pour récupérer ses fonds, Sotheby's remettra à l'encan une partie des œuvres, dont la peinture de Basquiat.

*« Dans le monde de l'art, les sociétés-écrans sont utilisées pour acheter ou vendre des œuvres. Par exemple, elles peuvent servir d'intermédiaires permettant aux acheteurs et aux vendeurs de transférer des fonds d'un territoire à un autre. Mais ces sociétés*

*fictives peuvent également être utilisées pour dissimuler l'identité des acheteurs et des vendeurs, la source et le contrôle des actifs, et déplacer des fonds suspects*», relevait, dès 2014, un rapport du sous-comité des enquêtes du Sénat américain sur les sanctions contre les oligarques russes, après l'invasion de la Crimée. «*Le recours à des sociétés-écrans n'est pas forcément lié à une activité criminelle. Un collectionneur peut avoir la volonté de ne pas faire savoir ce qu'il détient*, nuance Jean-Jacques Neuer, avocat spécialisé en droit pénal de l'art. *Mais parfois, des sociétés-écrans vont être utilisées pour masquer une fraude*», complète-t-il calé dans le gros fauteuil de son cabinet du 16e arrondissement parisien, où une série de photographies d'écrivains fait face à des colonnes de livres d'art et de catalogues.

Le recours à des coquilles vides pour éviter aux détenteurs d'œuvres d'art de payer des taxes et autres impôts, forcément spoliateurs, le cabinet Mossack Fonseca s'en était fait une spécialité. Jusqu'à sa chute en 2018, deux ans après les révélations des «Panama Papers». D'autres ont pris la relève. Tout est reparti comme avant. Ou presque.

En 2021, les «Pandora Papers», publiés par l'ICIJ (le Consortium international des journalistes d'investigation), ont révélé que les ventes et échanges d'œuvres d'art par l'entremise de sociétés offshore dans des paradis fiscaux n'ont pas cessé. Le mécanisme n'est pas propre au marché de l'art, il s'applique à de nombreuses transactions de grande valeur: yachts, jets, biens immobiliers.

Certains recourent aux trusts pour dissimuler tout ou partie du patrimoine. L'histoire des Wildenstein, l'une des plus grandes dynasties de marchands d'art, en est l'illustration parfaite. À la fin du XIXe siècle, Nathan Wildenstein (1851-1934), le patriarche, ouvre rue du Faubourg-Saint-Honoré, à Paris, sa première galerie de maîtres anciens puis, en 1902, en inaugure une deuxième à New York. Son fils Georges, puis son petit-fils, Daniel, étendent l'entreprise familiale des «W», leur surnom dans le milieu de l'art. Ils se spécialisent dans les impressionnistes et les modernes. Fils et petit-fils sont membres de l'Académie des beaux-arts de l'Institut de France. Ils établissent plusieurs catalogues raisonnés d'artistes: Paul Gauguin pour Georges, Claude Monet pour Daniel. Après avoir occupé les pages culturelles et mondaines, la famille connaît celles des faits divers. L'«affaire Wildenstein» trouve sa source dans une querelle d'héritage.

**Le recours à des coquilles vides pour éviter de payer des taxes, le cabinet Mossack Fonseca s'en était fait une spécialité.**

**À la mort de Daniel, le 23 octobre 2001, ses deux fils, Alec et Guy, font croire à leur belle-mère que leur père est mort ruiné.** Elle signe une renonciation à sa succession. Ils lui octroient une rente ainsi qu'un appartement de 350 mètres carrés dans Paris. Et s'acquittent des droits de succession par une dation en œuvres d'art. S'estimant grugée, Sylvia Wildenstein va attaquer ses beaux-fils, d'abord au civil puis au pénal. La boîte de Pandore est ouverte. Le décès de la veuve en 2010 ne met pas fin à la procédure. Après deux premiers procès, les héritiers Wildenstein ont été relaxés du délit de fraude fiscale, la loi ordonnant de déclarer les trusts dans les successions ne datant que de 2011. Mais un nouvel épisode se jouera à l'automne 2023 devant la cour d'appel de Paris.

L'enquête judiciaire a mis au jour la pratique familiale consistant à abriter au sein de trusts des biens non déclarés. Prisé des Anglo-Saxons, le trust permet de placer tout ou partie des biens d'une ou plusieurs personnes, le *settlor*, entre les mains d'un *trustee*. À charge pour celui-ci de les gérer dans l'intérêt du ou des bénéficiaires. Un procédé juridique qui trouve son origine dans l'Angleterre du XVIe siècle.

C'est Georges, le grand-père, qui a constitué le premier trust familial, avant que Daniel, le père, en crée plusieurs au bénéfice des membres de sa famille dans des paradis fiscaux: David Trust, aux Bermudes, Delta Trust, aux Bahamas, respectivement ouverts en 1989 et 1998. Si le second englobe une collection de tableaux estimée en 2001 à 1 milliard de dollars, les biens des autres trusts (un ranch au Kenya, une propriété dans un îlot des îles Vierges britanniques, diverses sociétés…) sont détenus par une dizaine de holdings. Malgré la relaxe, le tour de passe-passe n'a pas échappé au tribunal : « *Il ressort en effet du dossier que, et ce depuis au moins trois générations, des membres de la famille Wildenstein ont pris soin de dissimuler derrière des constructions juridiques inconnues du droit français un patrimoine considérable qui échappait en grande partie à l'impôt.* »

Les policiers non plus ne sont pas dupes. « *Le marché de l'art est propice à l'usage de ces structures opaques, via des ports francs, des sociétés-écrans* », assène Jean-Luc Boyer, commandant divisionnaire et numéro deux de l'Office central de lutte contre le trafic des biens culturels (OCBC), créé en 1975 en France pour lutter contre le pillage des châteaux et des églises. Cette unité de la division centrale de la police judiciaire s'est recentrée au fil des ans sur le faux et la contrefaçon artistique, puis sur le blanchiment de ces trafics. Et celui des œuvres volées ou pillées dont il faut « blanchir » la provenance.

C'est le cas des antiquités volées sur des théâtres de guerre dont le commerce peut financer des organisations terroristes, comme Daech. « *Le but des trafiquants est de donner une sorte de virginité à l'objet en produisant de faux certificats de douanes, de sorties de territoire. Ces techniques de blanchiment sont rodées et bien établies* », constate le commandant Boyer. Tellement bien que de grandes institutions, comme le musée du Louvre à Paris ou le Metropolitan Museum of Art à New York, ont acquis, même récemment, des œuvres pillées sur des sites archéologiques en Égypte.

**De grandes institutions, comme le Louvre, ont acquis, même récemment, des œuvres pillées.**

**Un principe régit tous les acteurs du marché : la dis-cré-tion.** Que ne ferait-on pas pour préserver la tranquillité des *ultra high-net-worth individuals* (UHNWI) ? Les ultrariches, ceux qui pèsent plus de 30 millions d'euros, ceux dont les crises n'affectent guère le portefeuille. En 2020, le cabinet Deloitte a estimé leur patrimoine « art et luxe » à 1 481 milliards de dollars et prévoit qu'en 2025 il atteigne 1 882 milliards.

Si les œuvres d'art qui se sont vendues à plus de 1 million de dollars en 2021 ne représentent qu'une part infime du marché, environ 1 %, cela équivaut quand même à près de 650 millions de dollars. Aujourd'hui, le vrai problème n'est pas tant de trouver des acheteurs que de trouver des œuvres de qualité. Les belles pièces se font rares. « *Le plus dur est de les dénicher. L'information est primordiale* » d'où la nécessité d'avoir « *un service de renseignements* », confie un marchand dans le calme d'un appartement parisien où les murs disparaissent sous les toiles. Notre homme, drôle et matois, a eu jusqu'à une trentaine d'informateurs, qu'il a rémunérés comme apporteurs d'affaires.

Lorsque les très belles pièces arrivent en salle des ventes, elles atteignent des prix stratosphériques. Ainsi, le 9 mai 2022, un tableau du pape du pop art, Andy Warhol, la *Shot Sage Blue Marilyn*, s'est adjugé chez Christie's, après à peine quatre minutes d'enchères, pour 195 millions de dollars, devenant l'œuvre la plus chère du XXe siècle.

Que dire de la vente de la collection Paul G. Allen, le cofondateur de Microsoft ? La dispersion des 155 pièces, les 9 et 10 novembre 2022 chez Christie's, a atteint 1 622 249 500 dollars, un record. Cinq tableaux de Cézanne, Seurat, Van Gogh, Gauguin et Klimt ont dépassé la barre des 100 millions de dollars. Du jamais-vu chez Christie's. Plus de 65 % des œuvres ont dépassé les estimations des experts.

Le record absolu reste cependant le *Salvator mundi*, attribué à Léonard de Vinci, parti en 2017, toujours chez Christie's, à 450 millions d'euros ! Le vendeur était le magnat russe Dmitri Rybolovlev, propriétaire de l'AS Monaco, le club de football du Rocher. Quant au nom de l'acheteur, il aura fallu quelques années avant d'apprendre qu'il s'agissait de Mohamed ben Salmane, le prince héritier d'Arabie saoudite.

Lors des ventes aux enchères de prestige, le nom des vendeurs apparaît rarement et celui des acheteurs, presque jamais. Opacité ? Impératif de sécurité et refus d'exposer les coulisses des transactions, avancent les maisons de vente.

Les instances représentatives des professionnels de l'art ne goûtent guère à ce terme qui porte l'empreinte de la culpabilité et renvoie une image négative du secteur. « *Opacité ? Non. Je préfère parler de confidentialité, qui est une notion centrale dans ce secteur* », précise Gaëlle de Saint-Pierre, codéléguée du Comité professionnel des galeries

# « Avant, on parlait d'art, maintenant, on parle de pognon, d'investissement », se désole un galeriste.

d'art (CPGA), organisme créé en 1947 qui compte quelque 320 galeries.

Après deux années de baisse dues à la pandémie de Covid-19, le marché mondial de l'art a de nouveau tutoyé les sommets de la prospérité. En 2021, le montant global des transactions officielles s'est élevé à 65,1 milliards de dollars, dont 11,1 milliards pour les seuls NFT – ces titres numériques de propriétés uniques et infalsifiables qui ont hystérisé le marché –, selon le rapport Art Basel-UBS. L'année 2022 devrait, elle aussi, être un excellent cru. La vente de la collection de Paul G. Allen le préfigure. « *Avant, on parlait d'art, maintenant, on parle de pognon, d'investissement* », se désole un galeriste parisien. « *On ne vend pas une œuvre d'art comme on vend du café ou des cacahouètes*, tempère Gérard Sousi, président de l'Institut Art & Droit. *Il y a un côté émotionnel qu'il n'y a pas sur les autres marchés.* »

La première place de ce marché est occupée par les États-Unis, suivis par la Chine, puis la Grande-Bretagne. En quatrième position, la France où, pour les seules ventes aux enchères, le montant total des adjudications, hors frais, s'est élevé à 4,05 milliards d'euros en 2021.

**Pendant longtemps, ce marché n'a pas été régulé ou très peu.** Paiement en espèces, pas de factures ou fausses factures, professionnels peu regardants sur la provenance d'une œuvre... Sous l'impulsion du Groupe d'action financière (Gafi), organisme intergouvernemental chargé d'élaborer des normes en matière de lutte contre le blanchiment, les choses ont évolué. Depuis 2001, cinq directives européennes contre le blanchiment et le financement du terrorisme ont été transposées en droit interne des pays membres. Avec plus ou moins de célérité selon les pays.

Quant au paiement en espèces, c'est l'Europe de la disparité. En France, le plafond est limité à 1 000 euros et à 15 000 pour un ressortissant de l'Union européenne alors qu'en Allemagne il n'y a aucun seuil.

En France, commissaires-priseurs, antiquaires, galeristes, brocanteurs, intermédiaires sont soumis à des obligations de vigilance et de contrôle vis-à-vis de leurs acheteurs, résumées par l'acronyme KYC pour « *know your customer* », connaître son client. Au-delà de 10 000 euros, ils doivent effectuer des vérifications.

En clair, il est demandé à ces professionnels d'identifier les personnes ou les opérations à risque au regard de l'origine géographique des fonds, de l'éventuelle interposition de sociétés-écrans ou de la présence d'intermédiaires pour masquer l'identité de l'acheteur. Ils doivent aussi déterminer si la personne qui paie est le bénéficiaire effectif... En cas d'opération suspecte, il leur faut la signaler à l'autorité compétente : Tracfin. À lire les rapports successifs de cette cellule de renseignements financiers du ministère de l'Économie et des Finances, les professionnels de l'art ne semblent pas jouer le jeu de la transparence souhaitée au regard du faible nombre de signalements effectués.

En 2021, les 692 commissaires-priseurs (pour 446 maisons de vente) ont effectué 65 déclarations de soupçons quand les antiquaires et galeristes en faisaient 14. Une goutte d'eau au regard des 160 952 déclarations dénoncées à Tracfin par toutes les professions assujetties à la lutte contre le blanchiment.

Le peu d'activité déclarative du monde de l'art peut s'expliquer, en partie, par la complexité des textes du Code monétaire et financier et un manque de formation des professionnels. Mais aussi par la crainte qu'une dénonciation ne porte atteinte à leur réputation dans ce petit milieu feutré et policé de « *requins cultivés* », selon l'expression d'un marchand à forte mâchoire. La plupart des galeries sont de très petites entreprises de moins de quatre personnes. Et 90 % des ventes d'art contemporain n'atteignent pas les 10 000 euros. Les trois quarts se situent même sous la barre des 5 000 euros. « *Il n'est pas toujours simple de détecter une transaction porteuse de risques. Il existe néanmoins quelques indices [...], par exemple quand le client est domicilié dans un État à la fiscalité privilégiée, qu'il ne se déplace pas pour voir l'œuvre et qu'il ne la négocie pas* », souligne Gaëlle de Saint-Pierre de la CGPA.

L'idée de se muer en Columbo a hérissé plus d'un marteau de commissaire-priseur. S'ils ne sont pas rétifs à établir des déclarations de soupçons, le laps de temps contraint d'une vente aux enchères rend difficile l'exercice des mesures de vigilance attendues d'eux, expliquent, en substance, leurs instances professionnelles. En 2021, 54 des 65 déclarations de soupçons transmises par les commissaires-priseurs concernaient des changements de bénéficiaire effectif, des paiements fractionnés ou en espèces, le recours à des comptes extraterritoriaux ou à un intermédiaire ainsi que les règlements par une ou des tierces personnes. Une quantité de déclarations de soupçons «*peu cohérente*», selon le rapport 2021 de Tracfin, «*au regard du niveau de risque élevé*» de blanchiment dans ce secteur. Pourtant, la déclaration de soupçon protège les professionnels de toutes poursuites judiciaires et leur assure l'anonymat.

«*Pour une petite structure, le processus lié à la réglementation est assez complexe. Il l'est moins pour une grosse galerie ou une grande maison de vente qui a le personnel nécessaire et des procédures standardisées*, constate Olivier de Baecque, avocat spécialisé dans le domaine de l'art. *Il est toujours délicat, quand un client important vous achète une œuvre, de procéder à des vérifications sans faire capoter l'opération.*»

**Pour nombre de professionnels, quoi qu'il en soit, le problème se situe ailleurs.** «*Le marché mondial des ventes aux enchères représente environ 25 milliards de dollars par an ; la France pèse près de 4 milliards. Une journée à la Bourse de New York, c'est 75 milliards. Je ne pense pas que le blanchiment soit forcément sur le marché de l'art*», veut en déduire un commissaire-priseur parisien de renom souhaitant s'exprimer sous le sceau de l'anonymat.

«*L'enjeu financier par profession n'est pas représentatif du marché de l'art dans sa globalité. C'est une vision parcellaire du phénomène*», tempête un enquêteur pour qui les professionnels assurent le service minimum. Pourtant, les procédures judiciaires où les œuvres d'art sont utilisées comme vecteur de blanchiment sont rares. Le parquet de Paris, selon son porte-parole, «*n'a pas de dossiers dans lesquels l'art sert au blanchiment de fonds*».

Alors, le blanchiment à travers les œuvres d'art serait-il un fantasme, comme le proclame la Confédération internationale des négociants en œuvres d'art (Cinoa) ? Le puissant lobby des marchands et galeristes ne cesse de s'insurger contre les «*fausses affirmations*» qui établissent un lien entre «*le marché de l'art et le trafic généralisé, le financement du terrorisme ou le blanchiment de capitaux*». Que ce soit en Europe ou aux États-Unis, les affaires ne sont pas très nombreuses. Pourtant, sans les «Panama Papers», le fisc français n'aurait jamais su que Jacques Glénat, fondateur de la maison d'édition à son nom, spécialisée dans la bande dessinée, avait acheté des œuvres d'art via du blanchiment de fraude fiscale. Sur près de 10 millions d'euros dissimulés au fisc – grâce à l'interposition de plusieurs sociétés entre la Belgique, le Luxembourg, les Seychelles et les îles Vierges britanniques –, il a investi près de 3,5 millions d'euros dans l'achat d'œuvres d'art. En septembre 2021, Jacques Glénat a été condamné à dix-huit mois d'emprisonnement avec sursis, 200 000 euros d'amende et une confiscation à hauteur de 470 000 euros.

«*La France est le pays où les règles sont les plus strictes au monde*», constate le commissaire-priseur déjà cité qui s'inquiète plutôt du «*dumping juridique d'autres pays*» où la régulation est plus souple. Notamment aux États-Unis où les maisons de vente ne sont pas soumises à la législation anti-blanchiment, alors que les antiquaires le sont. Dans une affaire démantelée en 2018 par le FBI à New York, un broker véreux avait expliqué à un agent infiltré que le marché de l'art était «*le seul marché non réglementé*». Un galeriste complice avait proposé à l'infiltré de lui vendre un Picasso pour blanchir son argent sale. Mais en février 2022, le Trésor américain a considéré qu'il y avait d'autres secteurs à réguler aux États-Unis avant le marché de l'art.

«*Aujourd'hui en France, il n'y a pas une société obscure, domiciliée dans un paradis fiscal, qui peut acheter aux enchères sans que l'on soit obligé de connaître son bénéficiaire économique*», ajoute ce commissaire-priseur. «*L'époque où l'on pouvait échapper aux radars est révolue. La lutte contre le blanchiment a eu pour résultat plus de transparence sur le marché*», analyse malgré cela l'avocate spécialisée en droit de l'art Corinne Hershkovitch.

**Il avait proposé à l'agent infiltré de lui vendre un Picasso pour blanchir son argent sale.**

# « Dans un port franc, un bien culturel peut changer de propriétaire deux, trois, quatre fois sans que cela se sache. »

**JEAN-LUC BOYER,** COMMANDANT À L'OFFICE CENTRAL DE LUTTE CONTRE LE TRAFIC DE BIENS CULTURELS

Même les ports francs, pointés du doigt comme lieu de blanchiment, *« se soumettent aux réglementations »*, poursuit-elle. Comme en Suisse, dans la grisaille de la zone logistique de l'aéroport de Genève-Cointrin. En 2015, l'affaire opposant le Suisse Yves Bouvier au milliardaire russe Dmitri Rybolovlev a braqué les projecteurs sur l'activité de ces zones économiques. Les deux hommes se sont croisés en 2003 au port franc de Genève. Le premier, alors à la tête de Natural Le Coultre, société familiale d'entreposage et transport d'œuvres d'art, aide le second, qui a fait fortune sur les décombres industriels de l'Union soviétique, à obtenir un certificat pour un tableau qu'il vient d'acquérir. Le début d'une amitié d'affaires, si l'on peut accoler ces deux mots, vient de naître. Au fil des ans, tirant profit de sa connaissance privilégiée du monde de l'art, Yves Bouvier va permettre à l'oligarque, résidant à Monaco, de se constituer une collection digne de ce nom.

**En quelques années, Dmitri Rybolovlev va acquérir 37 tableaux,** parmi lesquels sept Modigliani, six Picasso, trois Toulouse-Lautrec, deux Gauguin, un Van Gogh, un Magritte et le fameux *Salvator mundi*. Toutes ces toiles ont été vendues par des sociétés offshore à deux autres coquilles vides immatriculées aux îles Vierges britanniques, elles-mêmes détenues par un trust de droit chypriote, dont l'une des bénéficiaires finales est la fille de M. Rybolovlev. Depuis 2015, le magnat russe accuse le marchand helvète de l'avoir escroqué de près de 1 milliard de francs suisse en le trompant sur les prix d'acquisition et sur son rôle de vendeur et non pas d'intermédiaire, ce dont se défend le Suisse. Le combat judiciaire que se livrent les deux hommes n'a pas encore trouvé son épilogue. Mais l'affaire a laissé des traces. M. Bouvier a revendu la société familiale et, à perte, le port franc de Singapour, dont il était l'actionnaire principal. Il a conservé des parts dans celui du Luxembourg, le seul à obéir aux mêmes règles antiblanchiment que les banques.

Dès 2014, les autorités suisses se sont inquiétées de possibles dérives du système des ports francs en raison du manque de contrôle des autorités douanières. À l'époque, un trust pouvait être propriétaire d'œuvres d'art. Ce qui n'est plus le cas aujourd'hui, la législation s'étant resserrée. Une étude du Parlement européen de 2018 les a même qualifiés de *« centres financiers offshore, offrant à la fois une sécurité et une discrétion élevées et permettant des transactions sans attirer l'attention des régulateurs ou des autorités fiscales directes »*. Ce que réfute Anne-Claire Bisch, la directrice du port franc de Genève, dont les 100 000 mètres carrés sont en quasi-totalité réservés à des œuvres d'art.

Des lieux propices au secret ? *« Tout un pan de l'économie du marché de l'art passe par les ports francs. Un bien culturel peut changer de propriétaire deux, trois, quatre fois sans que cela se sache »*, explique le commandant Jean-Luc Boyer de l'OCBC. Lorsque l'œuvre d'art quitte le port franc, c'est le dernier propriétaire qui acquitte les taxes. Entre 2010 et 2015, il s'en est ouvert à Singapour, Monaco, Pékin, Luxembourg et dans l'État du Delaware, paradis fiscal aux États-Unis. Depuis sa sortie de l'Union européenne, la Grande-Bretagne a annoncé vouloir en créer huit. *« Le port franc est un cadre juridique et financier neutre. Il ne faut pas faire le procès d'un instrument mais de ceux qui le détournent »*, analyse Gérard Sousi.

Celui de Genève est détenu à 86 % par l'État genevois. *« Si vous souhaitez cacher un objet d'art volé, le port franc de Genève est le pire endroit »*, assure Anne-Claire Bisch. L'élégante historienne de l'art et juriste a pris la tête de cet entrepôt de luxe en novembre 2020. *« Des inventaires précis doivent être à la disposition des autorités douanières en permanence. »* Ils mentionnent la valeur totale des œuvres, leurs certificats d'origine et l'identité de la personne habilitée à en disposer. Le mantra de Mme Bisch se décline, avec un zeste d'éléments de langage, en deux mots : *« Transparence et confidentialité. Transparence, dans la façon de pratiquer notre activité et appliquer la législation, et confidentialité pour protéger les objets ainsi que les personnes ou institutions qui nous les confient »*, avant d'ajouter : *« Tout le monde a intérêt à ce que le marché de l'art soit le plus transparent. »* Chiche !

# Contributeurs & contributrices

**Matthias Arégui & Anne-Margot Ramstein** Illustrateur, illustratrice

*L'art de l'évasion,* p. 152

Auteurs-illustrateurs, nous avons réalisé à quatre mains les livres *La Perle* (éd. La Partie, 2021), *Dedans Dehors* (éd. Albin Michel Jeunesse, 2017) et *Avant Après* (éd. Albin Michel Jeunesse, 2015) qui a reçu le Bologna Ragazzi Award.

**Camille Drouet** Journaliste

*La grande évasion,* p. 6

Traductrice dans une vie antérieure, j'ai fait mes gammes dans le journalisme à *Courrier international* avant de rejoindre le groupe de presse indépendant Quatre où – tantôt à l'écriture, tantôt à l'édition – je suis devenue couteau-suisse pour *La Revue Dessinée, 6Mois, XXI* et *TOPO.*

**Michel Henry** Journaliste

*Vécu,* p. 24

La loi du Rocher, p. 100

Longtemps journaliste à *Libé,* je suis indépendant depuis 2016. J'ai travaillé pour *XXI,* pour *Mediapart,* notamment sur les « Football Leaks » ou pour le site Lesjours. J'ai écrit des documentaires sur la vidéosurveillance ou l'affaire Agnelet-Agnès Le Roux.

**Louise Laborie** Illustratrice

*Un petit coin de paradis,* p. 88

Née en 1996, j'ai étudié la bande dessinée à New York où je suis tombée amoureuse des cartoonistes américains. Diplômée des Arts décoratifs de Paris en 2020, je dessine pour *TOPO, La Revue Dessinée, Bastille, Science et Vie Junior* ou *Usbek & Rica.* J'ai publié la bande dessinée *Morgane Fox* (éd. Sarbacane).

**Aline Bureau** Illustratrice

*Entretiens,* p. 32, 68, 96

Je réalise des albums jeunesse, des couvertures de livres pour l'édition, et collabore régulièrement avec des titres de presse (*Le Monde, Die Zeit, Télérama, The New Yorker , La Croix l'hebdo*...). Avec une prédilection pour le portrait, j'illustre souvent les sujets de façon onirique.

**Coline Emmel** Journaliste

*Mille millions de luxe à bord,* p. 72

Je vis en Haute-Savoie, au bord du lac Léman. Je suis journaliste pour le média suisse de veille judiciaire Gotham City. Toutes les semaines, j'épluche des décisions de justice avec pour filtre la « criminalité en col blanc » : fraude fiscale, corruption, blanchiment.

**Jakob Hinrichs** Illustrateur

*À chacun sa recette,* p. 36

Dessinateur de bande dessinée allemand installé à Berlin, mes travaux sont publiés à l'international. Notamment en France, où deux de mes romans graphiques sont déjà parus : *Nouvelle de rêve* (éd. Le Nouvel Atila) et *Hans Fallada, vie et mort du buveur* (éd. Denoël Graphic).

**Catherine Le Gall** Journaliste

*À chacun sa recette,* p. 36

*Un petit coin de paradis,* p. 88

Articles, livres, BD ou docu : j'enquête sur la façon dont les intérêts économiques affectent l'intérêt général et la nature. Mes derniers travaux : *Le Système Total,* réalisé par Jean-Robert Viallet (Arte, 2022) et *L'Imposture océanique* (éd. La Découverte, 2021).

**Nadia Diz Grana** Illustratrice

*La rencontre,* p. 164

Je suis devenue artiste illustratrice le jour où j'ai renoncé à ma carrière de rock star. Formée aux Arts décoratifs de Strasbourg, je découpe pour raconter, colle pour illustrer et assemble pour suggérer. Je travaille pour des institutions, des scènes culturelles et de nombreux titres de presse.

**Enzo** Illustrateur

*Dubaï,* p. 14

Journaliste sous pseudo dans *Alternatives économiques,* je suis aussi illustrateur. Coauteur de la BD *La Folle Histoire de la mondialisation* (éd. Les Arènes, 2021), je dessine dans *Alter Eco* et collabore à la revue *Oblik.* J'aime la xylographie et détourner les affiches de Mai 68.

**Jules Julien** Illustrateur

*La rencontre,* p. 164

Illustrateur et artiste français, je vis à Amsterdam. Mes dessins oscillent entre précision photographique et douceur hypersensible. Avec mon imaginaire décloisonné, je travaille aussi bien pour Apple, Cartier ou Nike que *The New Yorker*... J'expose au Japon, aux États-Unis et en Europe. Je suis un explorateur.

**Jean-François Martin** Illustrateur

*Couverture*

J'ai débuté comme directeur artistique chez Bayard, avant de devenir illustrateur. Je travaille pour l'édition, la presse française et étrangère et je fais partie du collectif de graphistes 2œufsbacon p'titespatates. Je suis aussi l'auteur d'un court métrage d'animation *L'Inventeur.*

**Marie Mohana** Illustratrice

*La loi du Rocher*, p. 100

Née à Paris, je suis à la fois illustratrice et autrice de romans graphiques. J'aime mélanger les inspirations dans mon travail : celles venues de la science-fiction, que j'affectionne, et une certaine imagerie pop des années 1990, pour donner vie à un dessin précis mêlé à des aplats de couleurs vives.

**Rica** Illustrateur

*Mille millions de luxe à bord*, p. 72

Né à Dunkerque, je vis à Bordeaux. J'aime adapter mon dessin aux histoires, qu'elles paraissent dans la presse (*XXI*, *La Revue Dessinée*, *Spirou*) ou dans des albums comme la trilogie *Virus* chez Delcourt, *Minus* chez Glénat ou *La Guillotine* chez Eidola.

**Pierre-Antoine Souchard** Journaliste

*L'art de l'évasion*, p. 152

Journaliste en charge des questions judiciaires à l'agence américaine Associated Press pendant plus de quinze ans, je collabore depuis 2012 avec différents titres de presse écrite et réalise des documentaires.

**Paolo Woods et Gabriele Galimberti** Photographes

*Sea, tax & sun*, p. 50

**Paolo Woods**

Mi-canadien, mi hollandais, j'ai grandi en Italie avant de faire le tour du monde pour mener à bien des projets au long cours, qui mêlent la photographie à la recherche. Après m'être intéressé au pétrole puis à la présence des Chinois sur le continent africain, j'ai jeté mon dévolu, pendant trois années, sur les paradis de l'argent.

**Gabriele Galimberti**

Pur Toscan du val de Chiana, j'ai commencé ma carrière comme photographe commercial, avant de me tourner vers des projets plus artistiques au sein du collectif Riverboom, un groupe fondé par plusieurs reporters de guerre. Je travaille désormais régulièrement pour le *National Geographic* où j'ai la chance de traiter des sujets de société.

**Édouard Perrin** Journaliste

*Les ténors du bâillon*, p. 116

*Au cœur des montages russes*, p. 126

Un quart de siècle dans le journalisme, quinze ans à courir le monde une caméra à l'épaule pour la télé publique. Et les dix dernières années en plongée profonde dans les eaux troubles de la finance offshore, en bonne compagnie avec l'ICIJ.

**Candice Roger** Illustratrice

*Les ténors du bâillon*, p. 116

Artiste autodidacte originaire de et installée à Angers, je suis influencée par la BD, les films d'horreur ou le surréalisme. Je mets en scène des situations souvent absurdes qui tendent à solliciter l'imaginaire du spectateur. Un crayon noir et quelques touches de couleur sont ma marque de fabrique.

**Tomoë Sugiura** Illustratrice

*Mille millions de luxe à bord*, p. 72

Graphiste et illustratrice, je travaille pour des expositions à la Cité des sciences et de l'industrie ou au palais de la Découverte. J'illustre des cahiers d'activités ou des livres pratiques et j'aime aider à la compréhension de sujets divers.

**Alex Puvilland** Dessinateur

*Au cœur des montages russes*, p. 126

J'ai quitté la France pour les États-Unis le siècle dernier pour voir du pays. Deux enfants, un gecko et un chat plus tard, je n'ai toujours pas fini de me promener... Je partage mon temps entre l'animation et la bande dessinée.

**David Servenay** Journaliste

*Dubaï*, p. 14

*La rencontre*, p. 164

Mes obsessions : la montagne, le Rwanda, les histoires vraies. Mon adage : l'actualité a souvent plus de talent que la fiction, à condition de savoir la regarder. Au quotidien, je dirige les rédactions de *XXI* et de *6Mois*.

**Cédric Villain** Illustrateur

*La grande évasion*, p. 6

Enseignant en design graphique et cinéma d'animation à Roubaix, je suis passionné par le partage de l'histoire et des techniques. J'ai été vulgarisateur historique sur YouTube, avec la chaîne Horror Humanum Est, réalisateur de films d'animation et parfois illustrateur.

**Aline Zalko** Illustratrice

*Vécu*, p. 24

Entre dessin et peinture, j'aime explorer l'éphémère et la métamorphose, avec une fascination pour l'imagerie féminine dans les cultures pop et pulp, la puissance de la nature et les flammes. Je travaille avec des galeries et des maisons d'édition ou de luxe, ainsi qu'avec la presse française et internationale.

Apôtre de la transparence financière, l'économiste **Gabriel Zucman** plaide pour la création d'un cadastre mondial des actifs et pour une taxation plus juste, et donc plus élevée, des multinationales.

**Propos recueillis par David Servenay — Illustrations Jules Julien et Nadia Diz Grana**

# « Les entreprises ne pourraient plus échapper à l'impôt… »

**Comment peut-on définir en 2023 un paradis fiscal ?**

Tout dépend de ce à quoi l'on s'intéresse, les territoires financiers offshore ayant tendance à se spécialiser. Certains pays – comme la Suisse ou Singapour – font essentiellement dans la gestion de fortune et la création de services financiers, y compris de services d'évasion fiscale, de dissimulation ou d'opacification des patrimoines. D'autres pays se sont spécialisés dans l'optimisation fiscale des multinationales, comme l'Irlande ou les Pays-Bas. Les îles Caïmans ou les Bahamas se sont concentrées sur certains segments de l'industrie financière, tels que la gestion et la domiciliation de fonds peu régulés, comme les *hedge funds*.

Ce qui tend à caractériser tous ces territoires est à l'évidence une fiscalité faible, mais aussi, historiquement, une coopération limitée – sur le plan fiscal ou sur le plan judiciaire – avec les pays étrangers ainsi qu'une réglementation particulièrement souple. Plus généralement, ces pays ont en commun de commercialiser des aspects de leur souveraineté étatique : en permettant par exemple à certains acteurs économiques, comme les entreprises multinationales, de choisir leur propre régulation, leurs propres impôts. Attention, cette tendance se retrouve peu ou prou partout : toutes les nations – y compris la France ou les États-Unis – sont tentées de jouer au moins-disant fiscal et réglementaire, dans l'espoir d'attirer un peu d'activité par-ci ou quelques emplois par-là. Cependant, dans les plus petits territoires – ceux qui ont le plus à y gagner, du moins à court terme –, la concurrence internationale s'exerce de façon particulièrement forte.

**« Toutes les nations – y compris la France ou les États-Unis – sont tentées de jouer au moins-disant fiscal et réglementaire dans l'espoir d'attirer un peu d'activité par-ci ou quelques emplois par-là. »**

**Pourquoi vous être intéressé aux paradis fiscaux ?**

Cela remonte à la crise financière de 2008. Je suis sur le point d'entamer ma thèse et je me plonge dans les statistiques macroéconomiques internationales afin de mieux comprendre cet épisode exceptionnellement brutal. Publiées par des organismes comme la Banque des règlements internationaux (BRI) ou le Fonds monétaire international (FMI), ces données rendent compte des centaines de milliards de dollars qui transitent par des territoires comme les îles Caïmans, les Bermudes, Hongkong, Singapour ou le Luxembourg. À l'époque, il y a des études sociologiques, des enquêtes journalistiques passionnantes, des travaux d'ONG… Mais les économistes s'intéressent très peu au sujet, alors que les masses en jeu sont considérables. Une très grosse proportion des flux de capitaux internationaux passe par les paradis fiscaux. J'ai donc envie de comprendre : qu'est-ce qui, dans ces transactions, représente de l'évasion ou de l'optimisation fiscale ? Dans quelles mesures ces flux peuvent-ils être source d'instabilité financière ? Dans les années qui ont précédé la crise de 2008, il y a eu beaucoup de titrisation [la transformation de crédits, en particulier immobiliers, en titres financiers, ndlr] dans les paradis fiscaux. Avec quelles conséquences ? J'ai voulu interroger ce qui, dans l'activité des territoires financiers offshore, avait pu contribuer au choc financier mondial.

# « 8 % du patrimoine financier des ménages à l'échelle mondiale est détenu dans les paradis fiscaux. »

**Vous êtes le fils de deux médecins, vous sentez-vous au chevet d'une économie malade ?**

Toutes proportions gardées, l'économie est un peu comme la médecine : la société souffre de maux tels que l'évasion fiscale, l'optimisation, les fuites de capitaux… Et les économistes travaillent à mieux comprendre les solutions qui peuvent y être apportées. Par exemple, comment construire des systèmes fiscaux qui répondent aux demandes démocratiques et citoyennes. Je préfère toutefois l'analogie avec la plomberie, développée par Esther Duflo [économiste franco-américaine, Nobel d'économie 2019, ndlr] dans un article célèbre publié dans l'*American Economic Review*, intitulé « L'Économiste comme plombier » : dans tout système fiscal, il y a des fuites – via les paradis fiscaux entre autres – que les économistes peuvent aider à identifier et à endiguer.

**Est-il juste de considérer que Dubaï et le Delaware sont les premiers paradis fiscaux au monde, comme l'estiment certains observateurs, tels que Tax Justice Network ?**

Il y a sans doute une part de vérité. Mais il faut se montrer prudent dans l'interprétation de classements qui agrègent, de façon nécessairement un peu arbitraire, des dimensions très hétéroclites : la commercialisation de passeports, les pavillons de complaisance, la dissimulation de fortune…
Si l'on veut comparer les paradis fiscaux, la meilleure démarche consiste, de mon point de vue, à poser une question très précise et à voir comment chaque pays se positionne sur le sujet. Prenons la question de la délocalisation des bénéfices des entreprises multinationales (c'est-à-dire réalisés par des entreprises hors du pays où se trouve leur siège) : aujourd'hui, près de 40 % d'entre eux sont enregistrés dans des paradis fiscaux, en Irlande, au Luxembourg, en Suisse, aux Caraïbes, aux Bermudes, à Singapour, etc. Il est possible de hiérarchiser ces territoires en fonction de la masse de bénéfices qu'ils attirent.

**Est-on capable aujourd'hui d'estimer précisément le volume que représente la finance offshore par rapport aux flux généraux de l'économie ?**

Pour appréhender la masse de la finance offshore, gardons à l'esprit ces 40 % de bénéfices multinationaux enregistrés dans les paradis fiscaux. C'est une somme d'argent considérable estimée à environ 1 000 milliards d'euros chaque année et qui n'existait quasiment pas il y a tout juste trente ans. L'autre indice à ne pas oublier concerne la gestion de fortune. On estime qu'environ 8 % du patrimoine financier des ménages à l'échelle mondiale est détenu dans les paradis fiscaux. Ce qui ne veut pas dire que tout ce patrimoine échappe forcément à l'impôt et correspond à de la fraude fiscale, notamment parce qu'il y a eu de véritables progrès en matière d'échange d'informations bancaires depuis une dizaine d'années.

**Multinationales, dictateurs ou criminels ne sont pas les seuls à se tourner vers les paradis fiscaux. Il y a aussi des particuliers attirés par des promesses de rendements extraordinaires. A-t-on une idée de la répartition de ces usagers de l'offshore ?**

Par définition, les statistiques macroéconomiques – et c'est leur limite – n'observent pas l'identité des clients. En revanche, les différentes fuites de données, comme les « Panama Papers » en 2016, ont permis d'en apprendre davantage. On y constate effectivement la coexistence de personnes qui ne sont pas

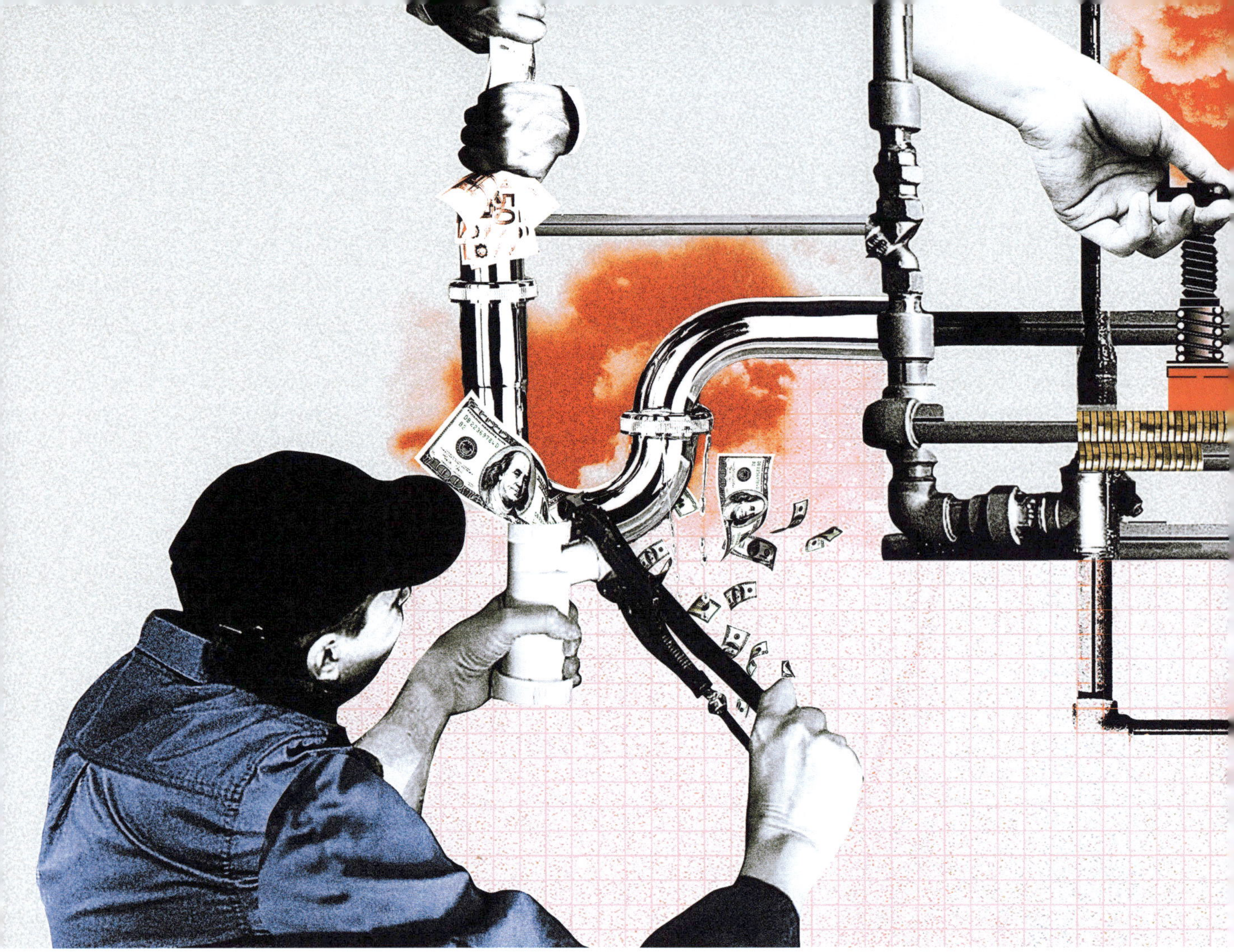

nécessairement engagées dans des activités illégales autres que l'évasion fiscale, avec de vrais mafieux. Tout cela, géré par les mêmes intermédiaires financiers.

**L'approche qui consiste à désigner et dénoncer les paradis fiscaux par le biais de listes noires n'a plus l'air de très bien fonctionner aujourd'hui. Pour quelle raison ?**

Dans l'Union européenne (UE), certaines décisions, notamment celles qui concernent la fiscalité, ne peuvent être prises qu'à l'unanimité. Dans ce contexte, l'approche par listes noires n'est pas très fructueuse, car elles finissent invariablement par se vider d'une grande partie de leur substance sous la pression des centres offshore de l'UE. Seuls quelques micro-États finissent par être sanctionnés par les ministères des Finances, via des impôts prélevés sur les flux financiers à destination de ces territoires. Toutefois, la démarche inverse consistant à ne même plus essayer de blâmer qui que ce soit n'est pas plus efficace… Or les décideurs publics ont tendance à osciller entre ces deux façons de faire, qui sont l'une comme l'autre insatisfaisantes. D'un côté, pointer du doigt quelques territoires de petite taille et les soumettre à une pression très forte ; de l'autre, insister sur la nécessité d'accords véritablement globaux donnant de facto un droit de blocage considérable aux paradis fiscaux. C'est la méthode qui a été choisie par l'Organisation de coopération et de développement économiques (OCDE) pour l'élaboration de l'accord sur la fiscalité minimale des multinationales à 15 % au niveau mondial. En discussion depuis 2019, celui-ci

a été approuvé par les Vingt-Sept, le 15 décembre 2022. Censée protéger les pays les plus faibles, cette approche donne en pratique un pouvoir de blocage considérable à des territoires dont la politique fiscale ne profite principalement qu'aux multinationales – et donc finalement aux acteurs économiques les plus puissants.

C'est ainsi qu'on se retrouve avec des projets d'accord a minima prévoyant des taux d'imposition très faibles et tout un tas d'exemptions et d'exonérations imposées par certains paradis fiscaux. Ces accords décidés à l'unanimité donnent de fait un pouvoir plus important aux îles Caïmans [et ses quelques dizaines de milliers d'habitants, ndlr], à l'Irlande ou à la Hongrie qu'aux centaines de millions de Brésiliens, de Sud-Africains ou d'Indiens.

**« La nécessité d'accords globaux donne un droit de blocage considérable aux paradis fiscaux. »**

**Alors que peut-on faire ?**

Pour parvenir à des accords plus justes, il faudrait renoncer à cette exigence d'unanimité et construire des coalitions de pays, s'il le faut en partant de démarches unilatérales. Quand, en 2010, les États-Unis, sous la présidence de Barack Obama, ont décidé de mettre un terme au secret bancaire suisse et ont exigé – sous peine de représailles économiques – l'envoi automatique des informations fiscales des détenteurs de comptes américains, le résultat a été immédiat. Sous la menace de ces sanctions, les établissements financiers suisses, puis ceux d'autres paradis fiscaux ont accepté de coopérer avec les États-Unis. D'autres pays se sont ensuite engouffrés dans cette brèche et reçoivent maintenant des informations automatiquement de la part des établissements financiers des centres offshore du monde entier. C'est comme cela qu'on peut arriver, parfois très rapidement, à de nouvelles formes de coopération internationale et de transparence, jugées pourtant parfaitement utopiques quelques années auparavant. L'Allemagne et la France, qui ont historiquement plus pâti du secret bancaire suisse que les États-Unis, auraient parfaitement pu jouer le rôle endossé par Washington.

**Ces solutions reposent donc beaucoup sur la volonté politique…**

Il existe une vision selon laquelle la concurrence internationale, l'évasion et l'optimisation fiscales seraient un peu comme des lois de la nature, hors de notre contrôle. Les tenants de cette thèse affirment que, dans un monde globalisé, des pays proposeront toujours moins de régulation que d'autres, et qu'on ne peut rien y faire. Cette vision est aussi répandue qu'elle est fausse. La concurrence fiscale sans limites, c'est un choix politique. Depuis les années 1980, les pays occidentaux ont décidé d'encourager cette concurrence – parfois même de la légitimer –, mais d'autres choix auraient bien sûr pu être faits : ceux de l'harmonisation, de la coordination fiscales, de l'échange d'informations internationales, de la transparence financière.

**Sans libéralisme, donc, pas de paradis fiscaux ?**

On peut corréler l'explosion des circuits offshore avec le triomphe de l'idéologie reaganienne dans les années 1980, selon laquelle le moteur de la croissance économique, c'est l'individu qui cherche à maximiser ses intérêts privés. Dans cette vision, qui a bien sûr sa cohérence interne, l'impôt vient faire dérailler la mécanique du progrès économique et social : il réduit les incitations à travailler, à investir, à innover. Et conduit donc, à terme, à l'appauvrissement de tous. À l'inverse, celui qui s'engage dans la poursuite effrénée de son propre intérêt en minimisant tous les coûts auxquels il fait face – et l'impôt en est un – contribue au bien commun. Cette idéologie légitime l'optimisation et l'évasion fiscales.

Cette doctrine vient également justifier la concurrence fiscale internationale par l'idée que les États-providence, particulièrement en Europe, avec des prélèvements obligatoires qui peuvent atteindre 40 % ou 50 % du PIB, sont excessifs. La façon la plus efficace de faire fondre ces États « mammouths » consisterait à les soumettre à la pression des paradis fiscaux. Pour que la France se réforme, pour que la dépense publique y devienne plus frugale, elle aurait besoin de la pression du Luxembourg. La Grèce aurait besoin de Chypre, l'Italie, de Malte, etc. D'après les tenants de cette idéologie, ce serait la seule façon de parvenir à réformer les vieux États-providence dispendieux.

Cette vision du monde témoigne d'un très fort pessimisme vis-à-vis de la démocratie : les processus démocratiques conduiraient inéluctablement à un excès de la dépense publique et à un abus d'impôt qui nous appauvriraient tous.

**« La concurrence fiscale sans limites, c'est un choix politique. Depuis les années 1980, les pays occidentaux ont décidé de l'encourager. »**

Les pourfendeurs de la démocratie sont souvent de grands amateurs de paradis fiscaux.

**La proposition de l'OCDE de fixer un impôt minimum mondial de 15 % pour toutes les entreprises serait finalement une mesure libérale… ?**

Cet accord est à la fois un vrai progrès et il reste en même temps très limité. S'il venait à être appliqué [sa mise en œuvre est prévue en 2024 pour l'Union européenne, ndlr], il constituerait une évolution notable dans la façon d'organiser la mondialisation : pour la première fois, un accord fixerait une limite aux taux d'imposition que peuvent appliquer les pays. Cela étant dit, l'évolution est limitée dans la mesure où ce taux reste faible. Dans la plupart des pays européens, le taux de prélèvements obligatoires est de l'ordre de 40 % à 50 % du PIB. Quand on additionne cotisations sociales, TVA, impôt sur le revenu, et toutes les autres taxes, toutes les catégories sociales paient en France, peu ou prou, 45 % ou 50 % de leur revenu en impôts. Dans ce contexte, n'exiger des multinationales – les grandes gagnantes des transformations économiques des dernières décennies – qu'une imposition à 15 % semble difficilement compréhensible et acceptable.

Le taux d'impôt sur les sociétés, qui était de presque 50 % en moyenne au niveau mondial au début des années 1980, s'élève désormais à 20 % environ. Il a donc été divisé par 2,5 – et certaines sociétés multinationales, parmi les plus grosses, s'acquittent de taux effectifs bien inférieurs. Les impôts sur les grandes fortunes de nombreux pays européens ont pour la plupart été supprimés. Les revenus du capital – dividendes, intérêts, plus-values, qui sont principalement touchés par les ménages les plus aisés – ont été de plus en plus soumis à des taux dérogatoires favorables qui n'augmentent pas avec le revenu : la fameuse « flat tax ». Autrement dit, les grands gagnants de la mondialisation – multinationales, détenteurs de revenus d'investissement, travailleurs les plus mobiles, etc. – ont vu leur imposition baisser, quand les catégories sociales qui ont peu profité de l'ouverture économique internationale, ou en ont souffert, ont plutôt vu la leur augmenter.

> **« Toutes les catégories sociales paient en France 45 % de leur revenu en impôts. N'exiger des multinationales qu'une imposition à 15 % semble difficilement acceptable. »**

**Comme de nombreux économistes, vous êtes attentif à faire passer vos idées auprès du monde politique. Après Bernie Sanders pendant la présidentielle américaine de 2016, c'est aujourd'hui La France insoumise qui s'inspire de vos réflexions…**

Je n'ai jamais été encarté dans un parti, mais quand des hommes ou des femmes politiques me demandent de l'aide sur des sujets que je maîtrise, j'estime que cela fait partie du métier de chercheur en sciences sociales de répondre à ces requêtes. Si cela peut ensuite permettre à des acteurs de formuler des propositions, qui vont dans le sens de politiques publiques plus efficaces et plus justes, c'est une bonne chose. En France, j'ai travaillé avec le député Boris Vallaud [aujourd'hui président du groupe socialiste à l'Assemblée nationale, ndlr] sur des amendements visant à mieux taxer les sociétés multinationales, en nous inspirant de ce qui a pu marcher ailleurs – notamment au niveau des États américains. C'est, là aussi, une des façons dont le chercheur en sciences sociales

peut se rendre utile. En étudiant les expériences étrangères et en faisant circuler ce savoir, nous contribuons aux débats publics nationaux, qui sinon courent le risque d'être trop cloisonnés.

**Ces acteurs politiques reprennent-ils vos idées pour changer les choses ? Ne s'agirait-il pas juste de calcul électoral ?**

Compte tenu de l'insuffisance des avancées, j'entends que l'on puisse être gagné par un certain cynisme. Pour ma part, je suis plutôt optimiste, étant donné que cette absence de progrès peut être expliquée de deux façons. La première, c'est que certains acteurs économiques se satisfont du système existant, car ils en bénéficient. À leurs yeux, il n'y a pas de raison de changer. Toutefois, cette position mène à une impasse, car si la mondialisation se traduit par une imposition toujours plus faible des plus hauts revenus et des grandes entreprises, elle ne pourra conduire qu'à un rejet croissant de l'intégration européenne et internationale de la majorité de la population – rejet qui serait particulièrement coûteux pour les acteurs qui bénéficient le plus aujourd'hui de la mondialisation. Il est donc dans leur intérêt que des évolutions majeures se concrétisent. L'autre facteur explicatif est l'existence d'incompréhensions, d'idées et de croyances erronées.

Les choses ont peu avancé à cause d'un manque de réflexion collective – déficit que les sciences sociales peuvent contribuer à combler.

**Votre description semble presque dresser un parallèle avec le phénomène du changement climatique… Faudrait-il lancer un Giec des économistes ?**

C'est précisément ce que je veux faire avec l'Observatoire européen de la fiscalité, qui a vocation à prendre une envergure mondiale. Il faut un équivalent du Giec [groupement international d'experts pour le climat, ndlr] pour les impôts et la coopération fiscale internationale : un organisme qui adopte une perspective globale sur ces questions – et en particulier prenne au sérieux le point de vue et les intérêts des pays en développement, ce que l'OCDE, qui représente les pays riches, ne fait guère ; un organisme qui quantifie les évolutions en cours – la course au moins-disant fiscal, la croissance des profits enregistrés dans les paradis fiscaux, des fortunes offshore, etc. ; un organisme qui chiffre leurs implications pour les différents pays et groupes sociaux, et qui propose des solutions concrètes. De façon très modeste et dans le cadre strictement américain, c'est ce que nous avons essayé de faire en 2019, avec mon

**« Il faut un équivalent du Giec pour les impôts et la coopération fiscale internationale. »**

collègue Emmanuel Saez, en développant aux États-Unis le site Internet Tax Justice Now. Cette plate-forme proposait un simulateur de réforme fiscale avec différents leviers permettant de créer un impôt sur la fortune, d'augmenter la progressivité de l'impôt sur le revenu, d'explorer la diversité des possibles. C'était une façon d'éclairer le débat démocratique.

**Les économistes sont-ils en mesure de prédire les éventuelles crises à venir ?**

La montée des inégalités accroît les risques d'instabilité économique et sociale et de capture du processus démocratique, entre autres, mais je ne crois pas qu'il soit possible de « prédire » quoi que ce soit. Historiquement, des évolutions se concrétisent parfois très rapidement. Les États-Unis sont un cas d'école : à la fin du XIX^e^ siècle, le pays avait décrété que l'impôt sur le revenu était anticonstitutionnel. Dans le demi-siècle suivant, il a utilisé l'outil fiscal de façon radicale pour réguler les inégalités, avec des taux d'imposition sur les plus hauts revenus de plus de 90 %. En effet, en 1942, Franklin Roosevelt, qui est président depuis presque une décennie, déclare qu'« *aucun Américain ne devrait avoir un revenu, après impôts, de plus de 25 000 dollars par an* » (l'équivalent de 1 million de dollars actuels). Il propose donc au Congrès de créer un taux d'imposition de 100 % sur les revenus au-delà de cette somme. D'abord estomaqués, les parlementaires finissent par voter un taux de 94 % ! Cette politique de taux quasi confiscatoire sur les très gros revenus est restée en vigueur jusqu'au début des années 1980, avec un consensus fort sous les administrations Truman puis Eisenhower, qu'on ne pouvait guère soupçonner de sympathies communistes. Ce consensus commence à se fissurer sous Kennedy, puis disparaît quand Reagan entre à la Maison Blanche. En 1980 le taux marginal de l'impôt sur le revenu est encore de 70 %. En 1986, Reagan fait voter sa grande réforme fiscale qui ramène ce taux à 28 %, soit le plus faible de tous les pays riches. Ce n'est peut-être pas un hasard si les États-Unis sont le pays riche au sein duquel les inégalités ont le plus augmenté depuis les années 1980. Tous les futurs sont possibles ; c'est peut-être la différence avec le réchauffement climatique. En matière de climat, certaines conséquences semblent désormais inéluctables. Alors que des choix politiques peuvent désamorcer la spirale inégalitaire dans laquelle nous sommes engagés depuis les années 1980.

**« Des choix politiques peuvent désamorcer la spirale inégalitaire dans laquelle nous sommes engagés. »**

**Quelles mesures concrètes pourraient briser cette « spirale inégalitaire » ?**

En premier lieu, il faudrait instaurer un impôt mondial ambitieux pour les multinationales, d'un taux minimum de 25 % ou 30 %, à la hauteur de ce dont s'acquittent les sociétés de taille moyenne. Il n'y a aucune raison que les grosses multinationales paient moins. Comment y parvenir ? Un pays, comme la France, pourrait seul décréter que les multinationales seront désormais soumises à ce taux minimum. L'idéal serait toutefois une position commune entre plusieurs pays de façon à amorcer une dynamique. Ces États pourraient collecter le « déficit fiscal » des multinationales : c'est-à-dire la différence entre ce qu'une entreprise paie en impôt aujourd'hui et ce qu'elle devrait payer si elle était soumise à un taux minimum. Prenons l'exemple d'un géant des nouvelles technologies qui, s'il était soumis à une imposition de 25 % dans chaque pays où il opère, devrait payer 10 milliards d'euros d'impôt au niveau mondial. Mais qui ne reverse au total que 1 milliard d'euros. Le déficit fiscal est donc de 9 milliards. Et aujourd'hui, aucun pays ne le collecte. Bercy pourrait dire que si cette multinationale fait 10 % de son chiffre d'affaires mondial en France, alors 10 % de ce déficit lui revient, soit

# « Un impôt manque à nos systèmes fiscaux : l'impôt progressif sur les très grandes fortunes. »

900 millions d'euros supplémentaires dans les caisses de l'État. Cette somme serait le prix à payer pour avoir accès au marché français, car la norme d'imposition minimale – celle à laquelle sont soumises les petites et moyennes entreprises – y est de 25 %. Si la France s'engageait dans cette direction, cela pourrait enclencher une dynamique vertueuse. D'autres pays pourraient imiter cette politique. Et alors, assez rapidement, une grande partie, voire la totalité, du déficit fiscal des multinationales finirait par être collectée. Les entreprises ne pourraient plus échapper à l'impôt en enregistrant leurs bénéfices dans des territoires offshore.

**Si la France décidait de faire cela avec Apple, par exemple, ne n'exposerait-elle pas à des représailles ? L'entreprise pourrait décider de ne plus vendre d'iPhone dans l'Hexagone…**

C'est un risque, mais qui semble assez faible. Le manque à gagner à quitter un marché français de 60 millions de consommateurs dépasse très largement celui occasionné par la collecte d'une portion du déficit fiscal par la France. Il est toutefois certain que cette politique serait d'autant plus efficace si elle était lancée par une coalition de pays représentant une masse critique. France, Allemagne, Italie et Espagne rassemblées représentent plus de 50 % du PIB de l'Union européenne. Aucune grande entreprise ne peut se permettre d'abandonner la moitié du marché européen.

**Vous évoquez d'autres pistes pour lutter contre les paradis fiscaux…**

Je plaide pour la mise en place d'un cadastre financier européen – et idéalement mondial –, une institution pour créer la transparence financière qui fait tant défaut. La plupart des pays se sont dotés, depuis fort longtemps, de cadastres immobiliers qui enregistrent la détention de la propriété foncière, des terrains et des immeubles. En France, c'est une des grandes créations découlant de la Révolution française. À l'époque, la richesse privée était pour l'essentiel immobilière et foncière. Donc, en créant le cadastre, on répertoriait de fait toutes les fortunes dans un grand registre public. Or cet outil ne s'est pas adapté à l'évolution de la richesse, qui aujourd'hui est en grande partie financière : composée d'actions, d'obligations, de produits dérivés, etc. Un cadastre financier permettrait de dissiper l'opacité qui constitue le terreau des paradis fiscaux et de clarifier des questions importantes, telles que : qui possède la dette publique française et les actions américaines ? Où sont dissimulées les fortunes des oligarques russes ?

On estime que plus de la moitié de la richesse des 0,01 % les plus fortunés de Russie est détenue dans des paradis fiscaux, notamment de l'Union européenne : au Luxembourg, à Chypre ou à Malte. Mais aussi au Royaume-Uni, en Suisse ou aux États-Unis. Avec un cadastre financier, cette richesse pourrait être identifiée, gelée, taxée pour mettre la pression sur le régime de Poutine de façon beaucoup plus directe et importante que ce qui a pu être fait depuis l'invasion de l'Ukraine.

Une troisième idée serait de créer l'impôt qui manque à tous nos systèmes fiscaux contemporains et qui fait cruellement défaut dans le contexte actuel d'explosion des très hauts patrimoines : un impôt progressif sur les très grandes fortunes. Les candidats à la primaire américaine de 2020, Elizabeth Warren et Bernie Sanders, avaient proposé un « super ISF » qui s'appliquerait à partir de 30 millions ou 50 millions de dollars de patrimoine, avec des taux pouvant aller jusqu'à 8 % au-delà de 10 milliards de dollars. Ce débat ne fait que commencer. XXI

# Très cher argent

Dans la presse, à la radio, sur les réseaux sociaux, leurs mots disent combien l'argent reste le nerf de la guerre.

Morceaux choisis par Delphine Saltel

### Antisystème

« Il faut arrêter d'avoir des gens qui sont dans un statut de paradis fiscal permanent. Si vous êtes un géant du numérique, vous faites votre activité en France, vous ne payez rien. [...] Nous sommes fous ! Je ne suis pas d'accord avec ce système ! »

**EMMANUEL MACRON**, LE 21 AOÛT 2019, QUELQUES JOURS AVANT DE DÉFENDRE LA TAXATION DES GÉANTS DU NUMÉRIQUE AU SOMMET DU G7 À BIARRITZ.

### Snif

« On dit que l'argent n'a pas d'odeur mais les gouvernements n'ont pas d'odorat. »

**ÉRIC ET ALAIN BOQUET, SÉNATEUR ET ANCIEN DÉPUTÉ COMMUNISTES DU NORD,** AUTEURS DE *MILLIARDS EN FUITE !* (ÉD. LE CHERCHE MIDI) DANS *LIBÉRATION*, DÉCEMBRE 2021.

### Paradis perdus

« La France s'est battue, pour que les paradis fiscaux, le secret bancaire, la fraude organisée, ce soit terminé. Les paradis fiscaux, la fraude bancaire, c'est terminé. »

**NICOLAS SARKOZY**, LE 23 SEPTEMBRE 2009 À LA VEILLE D'UN SOMMET DU G20 À PITTSBURGH, DANS UNE INTERVIEW DIFFUSÉE SUR TF1 ET FRANCE 2.

### Engagez-vous qu'ils disaient

« J'interdirai aux banques françaises d'exercer dans les paradis fiscaux. »

SEPTIÈME DES SOIXANTE ENGAGEMENTS POUR LA FRANCE DE **FRANÇOIS HOLLANDE** POUR L'ÉLECTION PRÉSIDENTIELLE DE 2012.

# « Les évadés fiscaux sont comme les vampires, ils détestent la lumière. »

**MANON AUBRY, EURODÉPUTÉE LA FRANCE INSOUMISE,** EN SEPTEMBRE 2021 À LA TRIBUNE DU PARLEMENT EUROPÉEN.

## Pas le moral

« Ce qui m'a le plus surpris après les révélations des "Paradise Papers", c'est de constater qu'au final toutes ces révélations n'émeuvent plus guère la plupart des responsables politiques. J'ai entendu certains expliquer que ce n'était pas de la fraude, mais de l'optimisation ! Je n'aime pas cette prétendue différence entre la fraude fiscale, qui serait interdite et condamnable, et l'optimisation fiscale, qui, elle, serait possible. La fraude et l'optimisation dans des paradis fiscaux, d'un point de vue moral, sont inacceptables. »

**XAVIER BERTRAND, PRÉSIDENT DE LA RÉGION HAUTS-DE-FRANCE** DANS *LA REVUE CIVIQUE*, 2017.

## Véreux

« 21 ministres sur 35 du gouvernement d'Édouard Philippe, soit 60 % des effectifs, ont été redressés fiscalement ! […] Pour voir le ver dans le fruit, il faut relire ce chiffre, calmement, en précisant qu'on parle de 12 000 euros en moyenne de redressement, presque une année de smic. Nos propres ministres sont des délinquants fiscaux ! »

**VINCENT EDIN, JOURNALISTE ET AUTEUR DE *QUAND LA CHARITÉ SE FOUT DE L'HÔPITAL*,** (ÉD. RUE DE L'ÉCHIQUIER, 2021) DANS *USBEK & RICA*, FÉVRIER 2021.

## Les œufs d'or

« Cette semaine, la boîte de douze œufs à l'Intermarché a pris 15 centimes […]. L'Insee parle d'une hausse moyenne de l'alimentation de 2,8 % sur un an. Pour moi, c'est sûr, c'est au moins 10 %. »

**JEAN-LOUIS MONIER, RETRAITÉ DE L'INDUSTRIE À BLOIS,** DANS *LE MONDE*, AVRIL 2022.

## Aromatique

« En sursaut, j'me réveille,
mon réveil, c'est l'oseille, l'oseille, l'oseille
J'cours après l'oseille, l'oseille, l'oseille
J'attends la fin du mois le lendemain de ma paie
J'veux traverser la planète,
En jet, mallettes, liasses violettes
S'il pleuvait des pièces on aurait tous mal à la tête
No pain no gain dans cette crise universelle
Gardons la foi en toute dignité, c'est le son de l'oseille. »

CHANSON DE **ROHFF,** EXTRAITE DE L'ALBUM *P.D.R.G.*, SORTI EN 2013.

### Laisse-pas traîner ton fisc

# « Taxez-nous ! »

MESSAGE LANCÉ MERCREDI 19 JANVIER 2022 PAR UNE CENTAINE DE MILLIONNAIRES DANS UNE LETTRE ADRESSÉE AU FORUM ÉCONOMIQUE MONDIALE DE DAVOS PAR L'ASSOCIATION **PATRIOTIC MILLIONAIRES** ET INTITULÉE « IN TAX WE TRUST ».

## Mépris

« De l'argent, il y en a. Mais tant que les États restent assis dessus et continuent à taper des courbettes aux ultrariches qui profitent des montages fiscaux pour ne pas payer leurs impôts, on va devoir s'écraser et souffrir des conséquences de leur mépris. Et il faudra continuer à voir certains de nos acquis dépérir, comme les soins de santé ou l'éducation. À moins que ça nous permette d'enfin mesurer l'ampleur de l'hypocrisie qui enveloppe le problème de l'évasion fiscale. Au vu des dégâts immenses sur le bien commun, l'insolence des gens et des multinationales qui la pratiquent devrait être durement dénoncée et réprimée. L'indignation verbale ne suffira pas. »

**CHRISTIAN SAVESTRE, SPÉCIALISTE DES QUESTIONS D'ÉVASION FISCALE** POUR ATTAC BRUXELLES, *VICE*, JANVIER 2022.

## Le club des 7

« Nous proposons de fixer un seuil de richesse équivalent au double du niveau de vie médian, soit 3 673 euros par mois pour une personne seule ou 5 500 euros pour un couple, après impôts. 4,5 millions d'individus sont concernés, soit 7 % de la population. Si une personne qui touche davantage que 93 % du reste de la population n'est pas "riche", comment peut-on alors la qualifier ? »

**L'OBSERVATOIRE DES INÉGALITÉS,** « RAPPORT SUR LES RICHES EN FRANCE » ÉDITION 2022.

## Cocorico

« + 439 %, c'est la hausse spectaculaire du patrimoine des milliardaires français entre 2009 et 2020. »

BFM-TV, MAI 2021.

## Et pour quelques euros de plus

« On aurait un peu plus, on serait mieux. »

**MARIE, RETRAITÉE EN SITUATION DE PRÉCARITÉ ÉNERGÉTIQUE,** SUR FRANCE 3 CENTRE-VAL DE LOIRE, MARS 2022.

## Ça en jet !

« Les 10 % les plus riches représentent entre 35 % et 43 % des émissions de $CO_2$. Nous détruisons tous la planète mais les riches la surdétruisent. De quel droit ? On ne surveille pas la vie privée, mais une expression destructrice de la vie privée. Si un milliardaire ne veut pas que sa vie privée soit fliquée, qu'il ait une vie normale. Rien ne l'empêche de prendre un avion de ligne. »

**DOMINIQUE BOURG, PHILOSOPHE** À L'INSTITUT DE GÉOGRAPHIE ET DE DURABILITÉ DE L'UNIVERSITÉ DE LAUSANNE, *MEDIAPART*, SEPTEMBRE 2022.